Franz Wilhelm

Drechseln für jedermann

Verlag Frech Stuttgart-Botnang

Inhalt

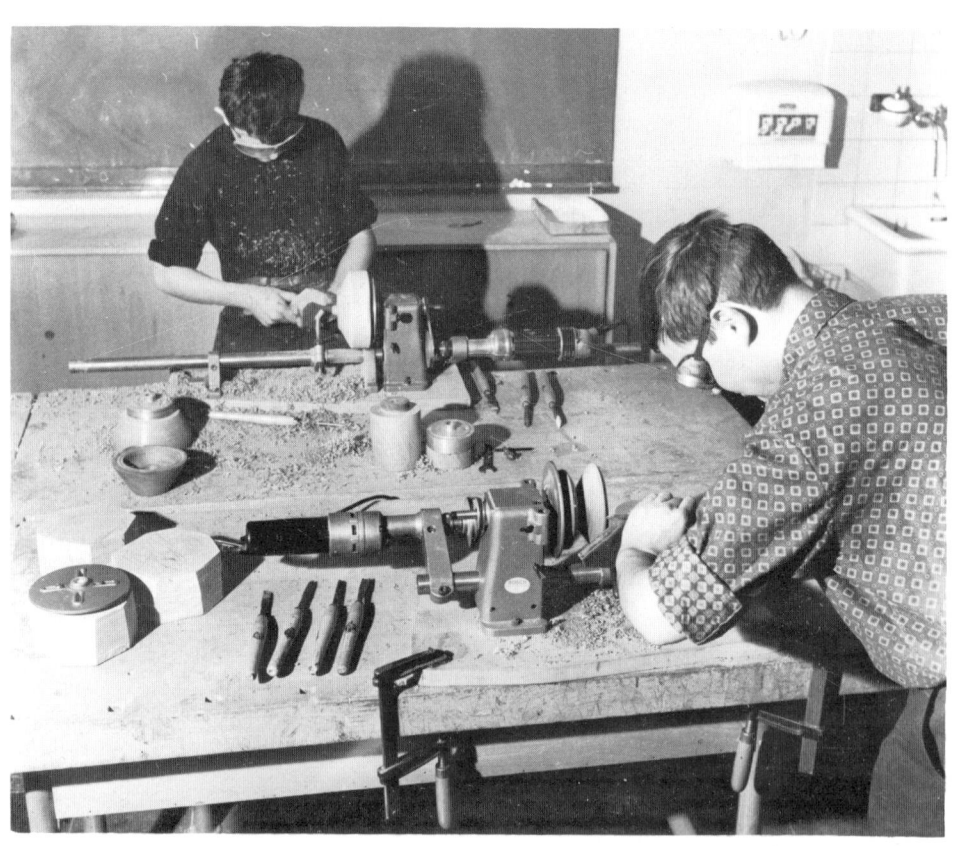

Einführung

Drechseln ist ein uraltes Handwerk. Seit mehr als 4000 Jahren freut sich der Mensch über gedrechselte Gebrauchsgegenstände, und in der Barockzeit standen sogar Könige und ihre Hofleute an der Drechselbank. Drechslerstücken ist es zu eigen, daß sie vielen Zwecken trefflich dienen und noch dazu wahre Schmuckstücke sind. Die Drechslertechnik verleitet den Werker dazu, das Arbeitsstück nicht nur brauchbar, sondern auch gefällig zu formen. Schöne Drechslerstücke finden wir also beim Kunsthandwerker und beim Bauerndrechsler; nur formt der eine Ziergegenstände, die auch brauchbar sind, und der andere Gebrauchsgegenstände, die auch noch zieren. Wo sich der Kunsthandwerker um die gültige zeitlose Form bemüht — wenn man von Kunstepochen mit anderen Zielsetzungen absieht —, kann die Form dem Bauerndrechsler als Verbindung des Zweckes gewünschter Gegenstände und der Arbeitstechnik des Drechselns fast wie von selbst zufliegen.

Die Rotation des Werkstückes beschränkt die Möglichkeiten der Formgebung. Jedoch wie aus mancher Beschränkung erwächst auch hier die gute Form. So gewinnen wir aus den Variationen der Grundformen, diktiert von der Arbeitstechnik und der Funktion des Gegenstandes, aus dem Holz mit seiner aufgeschlossenen Maserung die schönen Drechslerstücke. Dabei wird kein Werkstück nach einer Schablone gefertigt. Immer bleiben das handwerkliche Können und die Technik Diener unseres Suchens nach schönen Formen. Wer

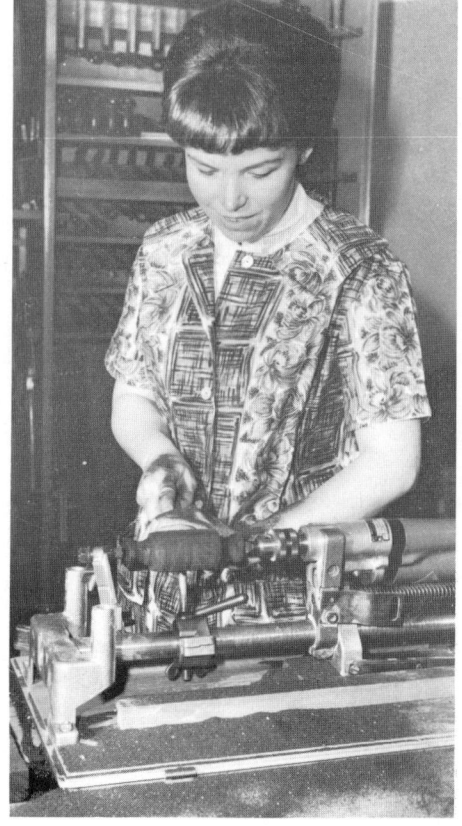

einmal zugeschaut hat, wie ein Drechslermeister in seiner Werkstatt Büchsen, Dosen und Schalen hat entstehen lassen, der kann sich der Faszination nicht entziehen, welche die handwerklichen und künstlerischen Gestaltungsmöglichkeiten des Drechselns bergen. Leider werden die Drechslermeister von Jahr zu Jahr weniger, und es ist schade, daß dieses uralte Handwerk mit der Zeit aus unserer Umwelt verschwinden wird.

Beim Drechseln gelangt man sehr rasch zu einem wertvollen Endprodukt eines schöpferischen Tuns. Diese Erkenntnis ermöglichte den Einbau der Arbeitstechnik „Drechseln" in das Werken der Schulen. Der erzieherische Wert im 9. und 10. Schuljahr ist groß, denn jeder Schüler ist in der Lage, nach seinen schöpferischen Kräften Zweck, Material und Form nach seinem Empfinden harmonisch aufeinander abzustimmen und so durch seine intuitiven oder reproduktiven Fähigkeiten zu einem positiven Ergebnis zu gelangen. Das Ergebnis wird jeder kritischen Einstellung des Schülers standhalten und Anerkennung und Bewunderung hervorrufen.

Ein weiteres erzieherisches Moment liegt darin, daß der Schüler die Maschine, die Holzdrehbank kennen und schätzen lernt. Er sieht, daß die Maschine ein Hilfsmittel und dem Willen des Werkers unterworfen ist. Er kann ihr geistiger Beherrscher werden und an ihr schöpferisch tätig sein. So wird nach erfolgreicher Drechslerarbeit an der Holzdrehbank, bei eigener Entfaltungsmöglichkeit, Selbstvertrauen und Sicherheit gewonnen. Verantwortungsbewußtsein, Genauigkeit, Ausdauer und Willensstärke werden geweckt. Diese Erziehungsfaktoren bilden das Fundament jeder gewissenhaften Tätigkeit bei der Beherrschung der Maschine und des Werkstoffes.

An der Volkshochschule ist das Drechseln eine der beliebtesten Techniken. Mit Ernst und Hingabe werden Ergebnisse erzielt, die jeder Teilnehmer als Schmuckstück verwenden kann. Mit kleinen Arbeitsteilen wird begonnen und mit komplizierten Dosen und Lampen verlassen die Kursteilnehmer zufrieden die Werkräume.

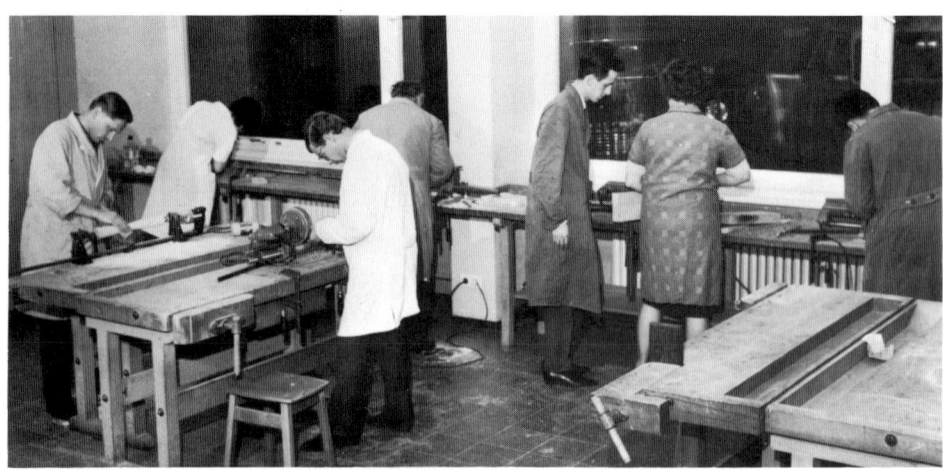

Betrachtung

„Alles, was der Mensch sichtbar schafft, gehört seiner Schauform nach zu diesem Reich und zu ihren Aufgaben: die großen Kunstwerke, die bedeutenden Gemälde und die Götterstatuen, die Kathedralen und die Schlösser ebenso wie das Wohnhaus und der Garten, das Möbel, der Hausrat, die Mode und der Schmuck, das Plakat und der Briefkopf, ja das Aussehen eines Briefes." Damit drückt Prof. Gollwitzer aus, daß die Schauform das Ergebnis der Vergeistigung und der Beseelung des Materials darstellt, die durch Intuition geschaffen wurde. Jedes Kunstwerk ist so eine Schauform und spricht die Aufnahmefähigkeit und die Aufnahmebereitschaft der Mitmenschen an. Jeder von uns kann aufnehmend oder ablehnend der Schauform gegenüberstehen; doch bei genauem Einleben in die Formabsicht und die Formidee muß er sich mit ihrem Gehalt und dem Eigenwert des Materials auseinandersetzen. Das Erkennen der künstlerischen Leistung und das Finden des Gehaltes in der Form ist nicht jedermanns Sache.

Es kann aber jedermanns Sache sein, mit physisch-technischen Mitteln das Material zu bewältigen und eine Form nachzubilden. Er wird zwar mit sich selbst innerlich nicht zufrieden sein, wenn er nur werkgerecht das Material beherrscht und die Form ausschließlich zweckbestimmt ist. Die reine Zweckform ohne Gehalt hat keinen persönlichen Wert und dient nur dem Erleben von technisch-funktionalen Zusammenhängen bei der Beherrschung des Materials. Eine rein handwerkliche Leistung, die sich mit dem praktisch-zweckmäßigen Gegenstand und der materialgerechten Form begnügt, befriedigt nicht.

Im Augenblick, in dem wir uns nicht mehr mit der Zweckform zufrieden geben, erwacht in uns das Suchen nach ästhetischen Werten. Als erstes erwacht das Bedürfnis zum Schauen und Sehen. Die Schauformen werden auf ihre Bestandteile intensiv durchleuchtet: Formidee, Formfinden und Formgeben.

Bei der Analyse des Gestaltungsprozesses prägen sich eine Reihe von Ideen ein, die sich beim Umsichschauen und beim bewußten Sehen im Gedächtnis speichern und bei einer Rekapitulation in eigenen, veränderten Vorstellungen erscheinen. Dieses Dazugeben und Wegnehmen einzelner Bestandteile an fremden Schauformen könnte als Spiel mit bekannten Formideen bezeichnet werden. Bei geistigen Planungen können die erkannten Inspirationen reproduziert werden und zu einem persönlichen Formfinden führen. Ob die Betonung auf Forminspiration oder auf Reproduktion liegt, hängt von der geistig-ideellen Planung ab. Nach Abschluß der Planung folgt die Übertragung in die Materialform. Mit anderen Worten, die Formidee manifestiert sich im Werkstoff und enthält alle Merkmale, die dem persönlichen Können entspringen. Das Formgeben wird vom persönlichen Können, von den Erkenntnissen des Materialerlebnisses, von der richtigen Wahl der Werkzeuge und von der Arbeitstechnik bestimmt. Die ausgereifte Form wird nach den veranschaulichten Maßen in das Material übertragen und formt sich zu der Formeinheit.

Durch die Intuition und Reproduktion kann die Fähigkeit, Formen zu finden und Formen zu geben, angeregt werden, die einen persönlichen Wert darstellen. Der persönliche Wert wird um so größer, je besser Zweck, Material und Form nach innerem Empfinden harmonisch aufeinander abgestimmt sind.

Um Anregungen für das eigene Formfinden zu erhalten, wollen wir uns mit Formen auseinandersetzen, die von Handwerkern und Kunsthandwerkern geschaffen wurden. Ich habe dazu nicht nur Schaustücke ausgesucht, die ausschließlich den Charakter einer Kunstepoche tragen. Die ausgewählten Drechslerstücke weisen nur Merkmale ihrer Zeit auf. Dabei kann die eine oder andere Form zeitlos sein und heute noch als schön und modern angesprochen werden.

Der nebenstehend abgebildete Trinkbecher aus Tirol (16. bis 17. Jahrhundert) wirkt klar und einfach in der Form; ohne schmückende Elemente ist er saubere handwerkliche Arbeit.

Die erste Dose links im Bild stammt aus Franken. Sie wurde im 18. Jahrhundert angefertigt, ist 10 cm hoch und wirkt klar in der Form, obgleich sie mit schmückenden Elementen beladen ist. Der Fachmann erkennt an ihrer Seite die Rundstäbe mit den dazwischenliegenden Platten. Den Deckel ziert ebenfalls ein Rundstab, in den Hohlkehlen eingestochen sind. Wenn die Hohlkehlen nicht wie bei dieser Dose von Hand eingestochen sind, sondern mit einem Rädchen auf der Drechslerbank, so nennt man das randerieren.

Neben dieser Dose sehen wir eine Arbeit aus Süddeutschland, die im gleichen Zeitabschnitt entstanden ist. Sie ist 8,7 cm hoch, einfach und ohne viel Schmuck. Bei ihr sehen wir, wie die Deckelform den Eindruck der Dose als Form stört. Die Verzierung bilden Rundstäbe, die mit dem Hohleisen durchstochen wurden. Der Deckel hat eine Platte mit Karnies, die gleichmäßig mit dem Hohleisen geformt wurde.

Die Dose mit dem Deckelknopf wurde im 17. Jahrhundert in Würzburg gearbeitet. Sie ist 9,8 cm hoch und hat eine klare Form, die mit sparsamen Drechslermitteln geschmückt ist. Vergleicht man sie mit anderen Dosen aus dieser Zeit, so kann man sie nur schlicht nennen. Am Deckel erkennen wir wiederum unsere Rundstäbe. Neu gegenüber den beiden anderen Dosen sind die Einstiche, die rund um die Dose laufen. Sie wurden mit dem Meißel eingeritzt.

Rechts daneben steht ein Würfelbecher aus Oberösterreich, dem im 18. Jahrhundert seine einfache und klare Form gegeben wurde. Die Rundstäbe und Einstiche schmücken die Form und machen den Becher zugleich griffiger.

Die Gewürzdose mit ihren vielen schmückenden Elementen spiegelt die Zierfreude ihrer Zeit wider. Jedes Element wächst aus einer Erhebung oder Vertiefung und muß daher vorgeformt und nachher geschnitzt werden. Die glatte Form wird dadurch aufgelöst. Heute empfinden wir diese Dose als verschnörkelt. Sie zeugt jedoch vom hohen Stand des Kunsthandwerkes in jener Zeit. Wieder schmückte der Drechsler die Dose mit Rundstäben, Platten und Hohlkehlen. Die Verzierungen sind in das Holz geschnitzt.

Im 17. Jahrhundert hatten wir in Süddeutschland noch Deckeldosen mit schmückenden Elementen. Obzwar die Dose noch reich verziert ist, erkennen wir eine klarere Linienführung. Sie wirkt einfacher und beweist in ihrer Form handwerkliches Können. Die Rundstäbe sind verschieden gestochen. Das Verzieren der Rundstäbe, in der Weise, wie es an der Dose zu sehen ist, nennt man „Passigdrehen".

(Abb. Seite 13.)

Die Büchse aus Nußbaum und die Dose aus Kirschbaum sind handwerkliche Formen unserer Zeit. Sie bestehen aus drei Teilen: Dose, Deckel und Knopf. An ihnen kann jeder feststellen, daß sie ideenmäßig mit der Zeit nach 1900 verbunden sind. Sie haben zwar einfache Formen, doch sind noch schmückende Elemente vorhanden.

Bei der Dose aus Nußbaum ordnete der Drechsler einen Halbrundstab, eine Hohlkehle, drei eingebrannte Ringe, wieder eine Hohlkehle und einen Halbrundstab untereinander an. Am Deckel erkennen wir einen leichten Karnies mit zwei Rundstäben. Dann folgt der Knopf, der als Einzelstück gedreht wird.

Die Dose aus Kirschbaum ist rund ge-
wölbt. In der Drechslersprache bedeutet dies einen starken Rundstab. Dieser
trägt drei eingebrannte Ringe als Verzierung. Am Deckel wurde ein Rundstab mit leichtem Karnies und zwei weitere Rundstäbe eingedrechselt.
(Abbildung Seite 14 oben.)

Dem gegenwärtigen Kunsthandwerk
verdanken wir die Schale aus Mahagoni von Luder Baier, Dresden, 1960,
mit einfachen, klaren Linien als schmük-
kende Elemente auf einer ebenso einfachen Form. Man kann diese Schale
als Schauform bezeichnen.
Die Schale aus Mahagoni zeigt leichte
Rundstäbe, die eingestochen wurden
und durch das Schleifen rund geworden
sind. Oben und unten wird der Schalen-
rand durch eine Platte abgeschlossen.
Am Boden der Schale wurden ebenfalls
leichte Rundstäbe eingestochen.
(Abbildung Seite 14 unten.)

Die zweite Form vom gleichen Kunsthandwerker ist die 25 cm hohe Dose
aus Kiefer mit eigenartiger Prägung.
Die Maserung wird durch die Rillen
unterbrochen und verringert ihre Höhe.
Die Eigenart spricht das Formfinden an
und zwingt zur Stellungnahme. Zwischen den beiden Plattenabschlüssen
liegt eine Folge von Rundstäben. Diese
wurden so proportioniert, daß der gesamte Formeindruck nicht gestört wird.
Der Deckel ist rund ausgedreht und
trägt eine eingefaßte Platte.
(Abbildung rechts.)

Die vier Arbeiten (Foto auf der neben-stehenden Seite) des Wimsheimer Drechslermeisters Gerhard Rieber sind aus dem Jahre 1957. Die Büchse mit dem Stopfenverschluß ist 18 cm hoch, aus Nußbaum - die flache Schale aus amerikanischem Nußbaum hat einen Durchmesser von 16 cm - die Dose mit dem Durchmesser von 15 cm ist aus gedämpftem Maserahorn - die 9 cm hohe Büchse ist aus Palisander.

Bei allen Werkstücken liegt die Be-tonung auf Form und Material. Nur an der Nußbaumbüchse und an der Ahorn-dose sind geringe Veränderungen durch Anwendung von Hohlkehle und Rund-stab festzustellen.

Die Schale aus Teakholz, von Johannes Maier aus Oberaichen, ist eine Repräsen-tantin unserer Zeit. Sie ist schmucklos, einfach und klar in der Form und wirkt durch die Maserung. Eine Schauform, die wir heute als zeitgemäß bezeichnen, die aber in ihrer Aussage zeitlos wirkt. (Abbildung unten).

Die Betrachtung der historischen und gegenwartsnahen Formen soll das Schauen und Sehen anregen, um dabei zum Formensuchen und Formenfinden zu gelangen.

Blick in eine Drechslerwerkstätte

In den letzten Wochen seiner Tätigkeit als Drechslermeister besuchte ich des öfteren Herrn Andreas Schneider in Stuttgart-Zuffenhausen. Herr Schneider blickt auf fünfundvierzig Arbeitsjahre in seinem Handwerk zurück und konnte mir mit seiner großen Erfahrung manchen wertvollen Hinweis geben. Außerdem war er so freundlich, mir zu erlauben, ihn bei der Arbeit an einer Dose aus Birnbaum mit der Kamera zu beobachten. Den Arbeitsgang besprachen wir beide dann anschließend, und Herr Schneider freute sich, auf diese Weise etwas für sein Handwerk tun zu können, um das es in letzter Zeit sehr still geworden ist.

An dieser Stelle möchte ich ihm recht herzlich dafür danken, daß wir die interessanten Werkstattfotos machen konnten und dafür, daß er mir bei meiner Arbeit so großzügig geholfen hat.

Die Drechslerwerkstätte hatte zwei Räume. Im Vorbereitungsraum wurden die Rohlinge zurechtgemacht. Mit einer Bandsäge und einer Handkreissäge wurden die Holzteile zurechtgesägt. Im zweiten Raum war die eigentliche Drechslerwerkstätte untergebracht. In ihr standen die zwei elektrisch betriebenen Drehbänke. Die Kraft wird vom Motor mit einem Keilriemen, der auf Stufenscheiben läuft, auf die Drehbank übertragen. Dies erlaubt, die Drehgeschwindigkeit auf das Werkstück abzustimmen. Die großen Werkstücke werden mit einer Drehzahl von 600 Umdrehungen pro Minute bearbeitet; bei kleinen Teilen kann man die Drehzahl bis zu 1850 Umdrehungen pro Minute steigern.

Nachdem der Meister die zwei Rohlinge vorbereitet hatte, stellte er die Drehzahl auf 1000 Umdrehungen pro Minute ein. Ein Rohling wurde auf die Schraube (10 mm ϕ) am Spindelstock aufgespannt. Die Stahlauflage wurde in schräge Stellung zum Rohling gebracht und festgezogen. Nun wurden die Werkzeuge — die Drehstähle und die Bohrer — griffbereit zurechtgelegt und alles nochmals überprüft. Der Motor wurde eingeschaltet und das eigentliche Drechseln begann.

Der erste Teil der Dose, der Deckel, soll entstehen

Alle Unwucht wurde beseitigt, indem der Meister mit der Schroppröhre, einer breiten, flachen Drehröhre, dem Rohling alle Unebenheiten abnahm. Danach wurde mit einem Bohrer ein Loch in die Mitte des Werkstückes gebohrt. Das Loch wird zum Aufspannen auf die Schraube am Spindelstock benötigt.

Mit einer kleinen Röhre formte der Meister die Oberfläche. Von den Drechslergrundformen verwendete er den Rundstab und so entstanden zwei Ringe als Verzierung um das Bohrloch.

Die weitere Formgebung wurde mit der Schroppröhre durchgeführt. Es entstand eine halbrunde Form mit zwei Rundstäben um das Bohrloch.

Beim folgenden Arbeitsgang möchte ich gleich auf die Haltung der Stähle hinweisen. Die linke Hand liegt auf der Stahlauflage und führt den Stahl. Die rechte Hand bestimmt den Schneidewinkel und den Druck, mit dem der Stahl auf das Holz wirkt. Dabei ist auf die Körperstellung zur Drehbank zu achten.

Der Plattenstahl, ein flacher Stahl mit spitzem Schneidewinkel, wurde benützt,

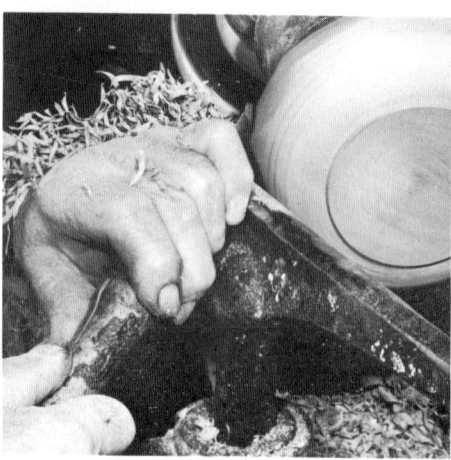

um eine Platte — die nächste Grundform — in den werdenden Deckel einzustechen. Die Platte ist 5 mm vertieft und 5 mm breit und gibt dem Deckel den Halt im unteren Teil der Dose. Neben der Platte wurde der Stahl zum Abstich angesetzt und der Deckel 40 mm tief abgestochen. Bevor der Deckel ganz abgestochen werden konnte, mußte noch die Oberfläche behandelt werden.

Ein breiter Meißel mit Grat wurde zum Schlichten der Oberfläche benutzt. Um eine ganz glatte Fläche zu bekommen, verwendete der Meister ein altes Hobeleisen mit Grat. Eine matte Spiegelfläche entstand, die noch einmal mit Glaspapier abgeschliffen und danach abgestaubt wurde. Der Abschluß der Flächenbehandlung war das Polieren mit Schellackpolitur. Bei diesem Arbeitsgang ist zu beachten, daß der Polierlappen von unten an das Arbeitsstück geführt wird. Damit vermeidet man das unnötige Spritzen der Politur. Der Meister spannte den halbfertigen Deckel von außen auf und begann ihn mit der Schroppröhre von innen auszudrehen. Er drehte vom Rand zur Mitte. In der Mitte wurde eine kleine Verstärkung geschaffen, damit der Deckelknopf einen richtigen Halt im Holz hat. Eine kleine Platte und ein Rundstab wurden als Verzierung gewählt und mit dem Meißel geformt.

Nach abgeschlossener Formgebung wurde wieder die Oberfläche behandelt, und das erste Teilstück war fertig.

Der zweite Teil der Dose, der Unterteil, wird geformt

Der zweite Rohling wurde ebenso wie der erste Rohling auf den Spindelstock aufgespannt und mit der Schroppröhre abgedreht. Mit dem Meßwerkzeug wurde der Durchmesser des Deckels festgestellt und auf den Unterteil übertragen. Der Unterteil ist um 5 mm breiter als der Deckel. Auf dem abgerundeten Unterteil der Dose bleibt eine 3 mm hohe Platte mit einem Durchmesser von 75 mm. Den unteren Teil der Dose kann man nicht auf den Spindelstock aufschrauben. Das Innenausdrehen wird auf einem Spundfutter ausgeführt.

In die Platte wurde ein 4 bis 5 mm tiefer Einpaß für den Spund eingedreht. Dazu benützte der Meister den Plattenstahl und die kleine Röhre. Mit dem Plattenstahl stach er die Vertiefung ein und mit der kleinen Röhre drehte er sie aus. Anschließend wurde geschlichtet, geschliffen und poliert.

Das halbfertige Werkstück wurde von der Schraube am Spindelstock genommen und das eiserne Spundfutter mit Holzspund aufgeschraubt. Der Spund wurde abgedreht, bis er die Stärke des Einpasses auf den Boden der Dose besaß. Der Holzspund muß im Einpaß festsitzen, damit das Werkstück die Belastung beim Drechseln aushält. Aus diesem Grunde wird der Spund angefeuchtet und in den Einpaß hineingeschlagen.

Das Spundfutter mit dem Unterteil der Dose wird auf den Spindelstock aufgeschraubt. Es erfolgte ein Nachpolieren mit Schellack.

Die Stahlauflage steht quer vor dem Werkstück. Nach der Lage der Auflage bezeichnet man diesen Arbeitsgang als Querdrehen. Mit der Schroppröhre erfolgt das grobe Ausdrehen. Diesen Arbeitsvorgang nennt man das Innenausdrehen des Werkstückes. Die Feinheiten werden dann mit der Drechslerröhre

ausgeführt. Es ist selbstverständlich, daß der Meister nachgemessen hatte, ob die Deckelplatte richtig in dem Unterteil der Dose sitzt. Ist das der Fall, so wird die Oberfläche behandelt.

Dann wurde der Deckel auf die Dose aufgesetzt. Die zwei Teile sind so fest ineinandergefügt, daß ein Polieren am drehenden Werkstück möglich ist. Bei abgestellter Drehbank wird die Dose mit einem Ruck vom Spund entfernt.

Der dritte Teil der Dose, der Knopf, wird gestaltet

Nun muß die Drehzahl neu eingestellt werden, damit der kleinste Teil der Dose, der Knopf, gedreht werden kann. Die Umdrehungszahl ist auf 2000 Umdrehungen pro Minute erhöht worden. In ein kleines Spundfutter wird ein Vierkantholz eingeschlagen und mit kleiner Röhre und Plattenstahl geformt. Das Formen erfolgt der Länge nach (siehe Stahlauflage) und wird als Längsdrehen bezeichnet. Der Knopf besteht aus einem Rundstab, einer Viertelkehle und einer Platte. Nach dem Formen wurde der Knopf geschlichtet, geschliffen und poliert. Mit dem Plattenstahl erfolgte die letzte Dreharbeit, das Abstechen.

So entstand eine dreiteilige Dose aus Birnbaum:

1. dem Deckel,
   außen — Querdrehen,
   innen — Innenausdrehen;
2. dem Unterteil,
   außen — Querdrehen,
   innen — Innenausdrehen;
3. dem Knopf,
   außen — Längsdrehen.

Nach Beendigung der Arbeit an der Holzdrehbank hat uns der Meister seine fertigen Arbeiten gezeigt. Von den vielen schönen Tellern, Dosen, Schalen usw. will ich zwei Teller aus Kirschbaum zeigen.

Der erste Teller aus Kirschbaum ist für den Holzbildhauer vorbereitet, der ihn am Rande und innen am Boden mit Schnitzereien versehen wird. Der zweite Teller ist eine reine Drechslerarbeit, die nur sparsam verziert wurde und bei der die Holzstruktur voll zur Wirkung kommt; eine Wirkung, die oftmals interessanter ist als alle Anwendung von zierenden Grundformen.

Gedrechselter und geschnitzter Teller aus Nußbaum.

Drehbank

Die Drehbank in der Drechslerwerkstatt bezeugt, daß auf ihr jahrzehntelang gearbeitet wurde. Sie ist deshalb weder das neueste Modell noch ist ihre Umgebung nach dem Geschmack des modernen Fachmannes. Es ist nicht alles so tipptopp in Schuß, und die einzelnen Werkzeuge und Hilfsmittel sind nicht griffbereit untergebracht. Doch liegt etwas Romantik in der Umwelt, etwas Verträumtes, das nunmehr ganz verschwindet. Deshalb wurde am Arbeitsplatz des Meisters nichts verändert.

Nun möchte ich die alte Drehbank genauer betrachten. Sie ist das Hauptstück in der Werkstätte, und an ihr werden alle Drechslerarbeiten ausgeführt. Die schönsten Schalen, Teller, Dosen, Büchsen, Ständer, Lampen usw. entstanden an ihr durch die geschickte Hand des Meisters. Die Drehbank besteht aus dem Gestell, auf dem der Spindelkasten, die Handauflage und der Reitstock angebracht sind.
Der Spindelkasten ist der wichtigste Teil der Drehbank. Von seiner Güte hängt die Arbeitsgenauigkeit ab. Die Achse des Spindelkastens ist kugelgelagert. Auf ihr sind die Stufenscheiben angebracht. Am vorderen Ende der Achse ist das äußere und innere Spindelgewinde, d. h. der herausragende Teil ist hohl und hat außen und innen ein Gewinde zum Auf- und Einspannen verschiedener Vorrichtungen. Auf der Vorrichtung wird das Arbeitsteil in Bewegung gesetzt. Die Bewegung soll immer gleichmäßig bleiben und hängt von der Leistung des Motors und dem Durchmesser der Stufenscheiben ab. Auch der Durchmesser des Werkstückes spielt eine große Rolle, wie schon früher angeführt wurde. So muß sich ein Werkstück mit einem Durchmesser von

250 mm langsamer drehen als eines mit einem Durchmesser von 100 mm.
Wenn es Werkstücke zum Querdrechseln sind, so wird nur der Spindelkasten zum Einspannen benützt. Bei einem langen Werkstück wird neben dem Dreizack des Spindelkastens auch die Spitze (Körner) des Reitstocks befestigt. Der Reitstock wird als Gegenlager verwendet und kann auf dem Gestell hin und her geschoben werden. Mit einem Spannhebel wird er befestigt. Die Spitze ist mit der Reitstockspindel beweglich. Sie wird mit Hilfe eines Handrades in das Werkstück eingedrückt; dabei wird der Spannhebel am Reitstock angezogen.
Zwischen Reitstock und Spindelkasten oder am Spindelkasten wird die Handauflage angebracht. Sie wird am Gestell mittels eines Hebels befestigt und kann oben nach der Arbeitsrichtung verstellt werden. Die Auflage dient zur sicheren Führung der Drechslerwerkzeuge und ist eine Stütze für die Hand.

Die Combi-Holzdrehbank ist kleiner als die Drehbank, die in der Drechslerwerkstätte steht und die für die gewerbliche Nutzung viel stabiler gebaut wurde. Die kleine Drehbank besitzt jedoch alles, was eine richtige Drehbank haben muß, und daher habe ich sie gewählt, um an ihr die Anfertigung von Versuchsstücken zu zeigen. Ich werde dabei den Arbeitsgang an dieser Drehbank bis ins einzelne beschreiben und nachher auch die Kombinationssysteme, die unter den Bezeichnungen Drechslervorrichtung und Drechslereinrichtung zu vielen Elektrogeräten geliefert werden, besprechen. Wo der Arbeitsablauf nicht mit dem von mir beschriebenen übereinstimmt, wird es dann vermerkt.

Betrachten wir jetzt unsere kleine Drehbank, so werden wir alle Teile wiederfinden, die wir schon von den Bildern der großen Drehbank her kennen. Links sehen wir den Spindelstock, in dem die Spindelwelle beidseitig auf Kugellagern läuft. Auf dieser Welle sitzt links eine Antriebsscheibe mit verschiedenen genuteten Stufen für den Keilriemen. Rechts am Ende hat die Spindelwelle zwei Gewinde, die zum Festhalten der Auf- und Einspannvorrichtungen dienen. Der unbewegliche Standfuß unter dem Spindelstock der großen Drehbank ist bei unserer kleinen zu ihrem stabilen Gußstock zusammengeschrumpft, in den auch das Führungsrohr eingeklemmt ist, d. h. das Gestell an der kleinen Drehbank besteht aus dem Spindelstock, dem Führungsrohr und der Fußplatte. Das Führungsrohr trägt die Handauflage und den Reitstock und wird am anderen Ende von der Fußplatte festgehalten. Alle Teile lassen sich auf dem Rohr verschieben und können mit Innensechskant-Schrauben an jeder Stelle fixiert werden.

Auf der Handauflage, die sich nach allen Seiten verstellen läßt, führen wir die Drehstähle; sie schützt außerdem unsere Hände vor Verletzungen durch die rotierenden Werkstücke.
Den Reitstock brauchen wir wie bei der großen Drehbank beim Drechseln längerer Arbeitsstücke als Gegenlager zum Spindelstock. Die Länge des Werkstückes bestimmt seinen Platz auf dem Führungsrohr. Die Fußplatte schieben wir von rechts an ihn heran, um ihm sicheren Halt zu geben. Die Antriebsspindel und die Reitstockspitze bilden eine Gerade, um die sich das Werkstück dreht. Die Pinole, wie die Spindel im Reitstock auch heißt, können wir mit dem Hebel dahinter vor und zurück schieben und mit einer Innensechskant-Schraube festklemmen. Damit wir die verschiedenen Drehvorrichtungen anbringen können, hat die Pinole ein Gewinde.
Unsere Drehbank ist jetzt vollständig, und wir brauchen nur noch einen Antrieb. Dazu nehmen wir einen Elektromotor (Bohrpistole mit Bohrfutter) mit

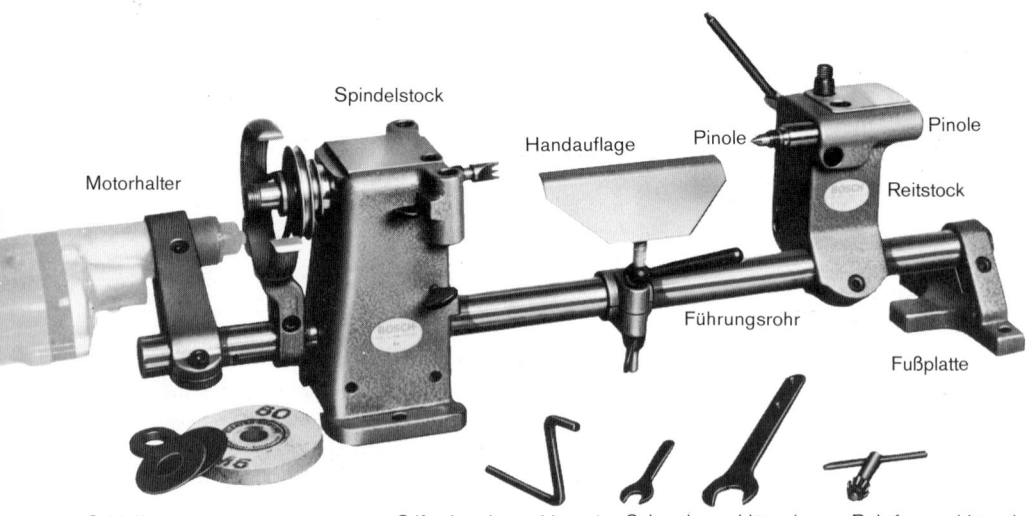

Motorhalter Spindelstock Handauflage Pinole Pinole

Reitstock

Führungsrohr

Fußplatte

Schleifscheibe Stiftschraubenschlüssel Schraubenschlüssel Bohrfutterschlüssel

Stufenscheibe, der mit dem Motorhalter neben dem Spindelstock angebracht wird. Die beiden Stufenscheiben verbindet ein Keilriemen, der mit dem Motorhalter gespannt wird und so die Antriebsspindel gleichmäßig treibt.

Als Antriebsmaschine haben wir eine Zweigang-Bohrpistole mit einer eingebauten Abschaltautomatik gewählt. Die M 20 hat eine Aufnahmeleistung von 330 W bei einer Drehzahl im 1. Gang 550 U/min. und im 2. Gang 2300 U/min. bei Belastung. Sie ist schutzisoliert.

Was bedeutet das? Die elektrische Unfallsicherheit dieser Maschine ist auf einem neuen Prinzip aufgebaut. Bis vor etwa 10 Jahren waren lediglich schutzgeerdete Elektrowerkzeuge auf dem Markt. Das System der Schutzerdung funktioniert jedoch nur, wenn sämtliche von außen berührbaren Gehäuseteile

der Maschine einwandfrei geerdet sind. Voraussetzung ist hierzu das Vorhandensein einer ordnungsgemäß geerdeten Elektroinstallation (Schukosteckdosen!) und entsprechender dreiadriger Zuleitungs- und Verlängerungskabel. Da dieses System naturgemäß vielen Unsicherheitsfaktoren ausgesetzt ist, wurde ein neues Prinzip entwickelt, das mehr Sicherheit bietet: die Schutzisolation.

Bei schutzisolierten Maschinen sind alle Schutzmaßnahmen gegen zu hohe Berührungsspannung in der Maschine selbst enthalten. Wir sind also, was sehr wesentlich ist, nicht auf mehr oder weniger sichere Schutzmaßnahmen außerhalb der Maschinen angewiesen.

Bei schutzisolierten Maschinen sind sämtliche spannungsführenden Teile so durch Isolierstoffe abgedeckt, daß eine

Fehlerspannung nicht auf den äußeren Gehäusemantel übertragen werden kann.

Im Fehlerfall also, gleichgültig ob von der Zuleitung- oder von der Motorseite her, ist der Bedienende gegen elektrische Schläge vollkommen geschützt. Damit ist der Anschluß auch an nicht geerdeten Steckdosen zulässig.

Das vom VDE vorgeschriebene Kennzeichen für schutzisolierte Maschinen ist ein Doppelquadrat ▣ auf dem Typenschild.

Neuerdings wird das Außengehäuse schutzisolierter Maschinen aus thermoplastischen Kunststoffen hergestellt. Neben ihren ausgezeichneten elektrischen Isoliereigenschaften besitzen diese Gehäuse eine vorzügliche Bruchfestigkeit.

Bei Antriebsmaschinen, die im Wohnbereich betrieben werden sollen, ist besonders auf einwandfreie Rundfunk- und Fernsehentstörung Wert zu legen. Auch der Empfang auf Lang-, Mittel- und Kurzwelle darf nicht gestört werden.

Die Bohrpistole haben wir in den Motorhalter so eingeklemmt, daß der Druckschalter leicht zu bedienen und der kleine Feststellknopf für Dauerbetrieb an der unteren Seite bequem zu erreichen ist. Eine unangenehme Eigenschaft haben alle Zweigang-Bohrpistolen: sie laufen sehr laut. Aus diesem Grunde wurde die M 20 gewählt, da sie nach ihrer Lautstärke zu den Maschinen gehört, die bei einfacher Schallisolierung (Schaumgummiunterlage) geringe Lärmbelästigung verursacht. Die Lautstärke ist erträglich und sie wirkt bei Dauerbetrieb nicht aufreizend oder ermüdend. Bei normaler Belastung hält die Maschine die angegebene Leistung ein. Wird sie überlastet, was bei einem Keilriemenantrieb selten vorkommt, schaltet die Abschaltautomatik die Pistole ab. Dann soll sie erst nach einer kurzen Pause weiterbetrieben werden.

Mit dem feststellbaren Schaltknopf für das Getriebe können die Gänge eingestellt werden. Bei stehender Maschine wird das Bohrfutter bewegt, bis der Schaltknopf eingerastet ist, und dann festgezogen. Das Umschalten der Gänge ist beim Drechseln an unserer Drehbank nicht notwendig. Es genügt, den Keilriemen auf die größere Scheibe zu legen und schon erhöht sich die Umdrehungszahl. Bei der Kombination der Stufenscheibe an der Bohrpistole ergeben sich folgende Umdrehungszahlen:

Stufenscheibe im Bohrfutter mit zwei Stufen	Stufenscheibe am Spindelstock
1. Gang, kleine Antriebsrolle	710 — 410 U/min.
1. Gang, große Antriebsrolle	1500 — 900 U/min.
2. Gang, kleine Antriebsrolle	2800 — 1700 U/min.
2. Gang, große Antriebsrolle	6200 — 3700 U/min.

Den 2. Gang mit der großen Antriebsrolle können wir beim Drechseln nicht benützen.

Die vor uns aufgebaute Drehbank ist gut durchkonstruiert, und wir können mit ihr auf jedem Tisch sicher arbeiten. Stellen wir aber ganz hohe Ansprüche, so empfiehlt es sich, die Drehbank fest auf eine Grundplatte zu montieren. Dazu sägen wir ein 30 mm dickes Buchenbrett auf die Maße von 1000 x 300 mm. Zwanzig Zentimeter vom linken Rand bohren wir die Löcher für die Schrauben, die den Spindelstock festhalten sollen.

Damit wir die Fußplatte anschrauben können, bohren wir 250 mm vom Spindelstock zwei Löcher und dann im Abstand von jeweils 100 mm die nächsten. Nun können wir mit der Fußplatte und damit mit dem Reitstock rücken und haben außerdem einen festen Halt. Zum Befestigen können wir einfache Holzschrauben nehmen. Besser und sicherer sind Sechskantschrauben mit Unterlagscheibe und Mutter; der Schraubenkopf wird unten in der Platte versenkt.

Drechseleinrichtungen

Unter der Bezeichnung Drechseleinrichtungen werden wir verschiedene „Drehbänke" kennen lernen, die nur noch wenige Merkmale einer großen Drehbank besitzen. Die Hauptteile, wie Spindelstock oder Reitstock sind durch Vorrichtungen ersetzt, die jedoch ihrer Aufgabe voll gewachsen sind. Drechseln können wir mit allen diesen Einrichtungen. Sie alle erfüllen ihren Zweck, wenn wir sie nicht überfordern.

Vergleichen wir die Drehbank mit der Drechseleinrichtung des AEG-Heimwerkers, des Bosch-Combi und des Fein-Hauswerkzeug, so können wir folgende Veränderungen feststellen.

1. Der Spindelstock ist verschwunden und an seine Stelle ist ein Motorhalter gerückt.

2. In das Bohrfutter der Bohrpistole wird der Dreizack eingespannt.

3. Auf das Gewinde der Bohrpistole werden alle Aufspannvorrichtungen aufgeschraubt.

4. Die Antriebskraft wird direkt auf das Werkstück übertragen.

5. Der Reitstock ist in seiner Form verändert oder ganz ersetzt worden.

6. Das Einspannen der Werkstücke beim Längsdrehen erfolgt auf zwei Arten: der Motorhalter ist starr und das Werkstück wird mittels eines Reitstockersatzes festgezogen; der Reitstockersatz ist starr und der Motorhalter wird an das Werkstück herangeführt und festgezogen.

Alle drei Drechseleinrichtungen haben jedoch die elektrisch angetriebene Bohrpistole mit zwei Gängen gemeinsam, deren Antriebsleistung wir aus der Leistungsaufnahme ermitteln können. Diese soll bei Vollbelastung zwischen 250 und

350 Watt liegen und wir haben dann eine um die Hälfte niedrigere Leistungsabgabe. Im gleichen Verhältnis verändert sich die Drehzahl, die im Leerlauf doppelt so hoch ist wie bei Vollbelastung. Da die richtige Drehzahl beim Drechseln sehr wichtig ist, müssen wir die Leistung unserer Antriebsmaschine unbedingt kennen.

Neben den bereits beschriebenen technischen Daten müssen wir noch auf den Spannbereich des Bohrfutters und dessen Anschlußgewinde achten. Die Größe des Spannbereiches bestimmt nämlich die Anzahl der verwendbaren Einsatzteile. Die Abmessung des Bohrfutteranschlußgewindes legt die Wahl der direkt auf dieses Gewinde aufzusetzenden Zusatzteile fest. Meist sind die Maße der einzelnen Fabrikate verschieden, so daß wir die Zusatzteile der einen Vorrichtung nicht mit der einer anderen Firma kombinieren können.

Auf den von mir ausgewählten Drechslereinrichtungen lassen sich Arbeiten von dem gleichen Schwierigkeitsgrad ausführen. Nimmt man die mögliche Länge und den möglichen Durchmesser der Werkstücke als Maßstab, so liegen sie an der Spitze aller käuflichen Fabrikate. Bei den Einrichtungen mit festem Führungsrohr können wir Werkstücke mit einer Länge von 880 mm drechseln. Die größte Holzscheibe, die wir bearbeiten können, hat einen Durchmesser von 200 mm. Es ist unter Umständen möglich, noch größere Werkstücke zu bearbeiten. Jedoch nimmt mit dem Durchmesser auch das Gewicht zu, und zu schwere Werkstücke beeinträchtigen die Betriebssicherheit der Drechseleinrichtungen.

AEG-Heimwerker

Die Drechseleinrichtung des Heimwerkers ist in ihrer Konstruktion mit der Drehbank verwandt. Als Spindelstock dient ein Aufspannbock. Er nimmt die Antriebsmaschine und die Führungsstange auf. Das Klemmstück für die Werkzeugauflage sitzt auf der Führungsstange. Ein zweiter Aufspannbock

hat die Funktion des Reitstockes. Er ist mit Sockeleinsatz, Vorschubhebel mit Flügelschraube und Zahnstange mit mitlaufender Körnerspitze bestückt.

Wenn wir den Heimwerker nach seinen Maximaldaten fürs Längs- und Querdrehen beurteilen, so ergibt sich folgendes: Das längste Holz, das wir auf ihm bearbeiten können, darf eine Länge von 800 mm haben und der größte Durchmesser einer Holzscheibe 200 mm. Der Antrieb erfolgt durch die Zweigangmaschine SB 2. Sie hat eine Leistungsaufnahme von 330 Watt, bei Leerlauf im 1. Gang 1250 U/min. und im 2. Gang 3000 U/min. Die Drehzahl sinkt bei Vollast im 1. Gang auf 750 U/min. und im 2. Gang auf 1850/min.

Fein-Hauswerkzeug

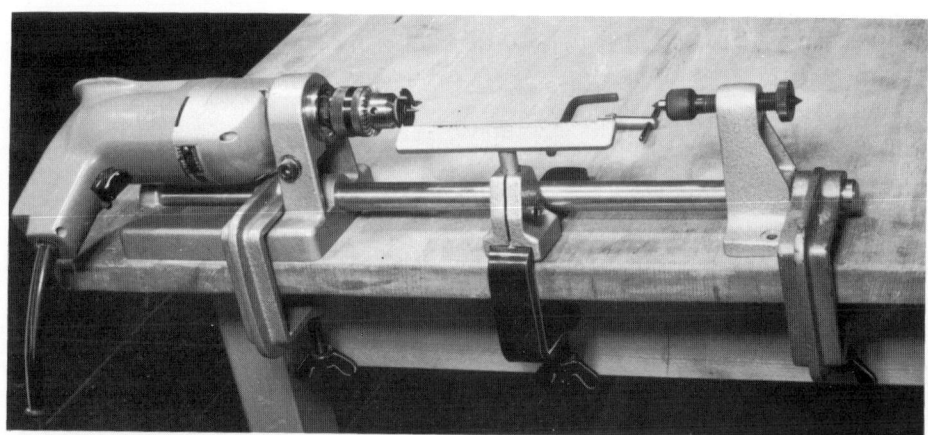

Die Hauptteile dieser Drechselbank bestehen aus einem Aufspannbock für die Maschine, der Führungssäule und der Spezialzwinge. Das Gegenstück ist der Reitstock und eine zweite Spezialzwinge. Der Reitstock ist ein Gußblock mit einem Gewinde, in das die Spindel geschraubt wird. Die eingeschraubte Spindel wird mit einer Spindel-Gegenmutter festgezogen. Die Stichelauflage wird im Klemmstück befestigt und mit der Führungszwinge in der gewünschten Lage festgehalten. Das Längsdrehen kann bis zu einer Länge von 800 mm ausgeführt werden, denn die Hauptteile der Drehvorrichtung können mit den Spezialzwingen nach vorheriger Markierung an jeder Stelle festgeklemmt werden. Das Querdrehen ist auf dieser Vorrichtung aber auf einen Durchmesser von 170 mm beschränkt.

Die Antriebsquelle ist die Zweigangmaschine DHS 636 mit einer Aufnahme von 230 Watt. Bei Leerlauf hat sie im 1. Gang 1450 U/min. und im 2. Gang 3100 U/min., die bei Belastung im 1. Gang auf 850 U/min. und im 2. Gang 1850 U/min. zurückgeht.

Bosch-Combi

Die Drechseleinrichtung wirkt in ihrem Zusammenbau etwas eigenartig. Auf dem Kofferdeckel ist die gesamte Einrichtung aufmontiert; sie wird mit zwei Schraubzwingen auf der Tischplatte festgeklemmt. Der Motorhalter wird mit einem Hebel an das Werkstück angedrückt und festgeschraubt. Das Gegenstück ist starr. Auf dem unteren Teil des Tisches wird der Querhalter mit Zentrierschrauben montiert. Das Führungsrohr dient als Verbindung der Hauptteile und auf ihm wird die Stahlauflage angebracht.

Mit einem langen Führungsrohr können wir ein Langholz von 880 mm bearbeiten. Das Durchmessermaximum ist bei 180 mm erreicht.

Die Antriebsmaschine M 20 hat zwei Gänge und eine Aufnahmeleistung von 330 Watt. Die Drehzahl beträgt im 1. Gang 950 U/min. und im 2. Gang 3800 U/min., wenn die Maschine im Leerlauf läuft. Bei Belastung wechseln die Zahlen auf 500 U/min. und auf 2000 U/min.

Ein neues Modell, die M 41 S, ist eine Viergang-Maschine. Mit ihrem 2. Gang (bei Vollast 480 U/min.) und mit ihrem 4. Gang (bei Vollast 2400 U/min.) erreicht sie etwa dieselben Drehzahlen wie die M 20

Drechslerwerkzeuge und Vorrichtungen

Die Werkzeuge, die wir vor oder während des Drechselns benutzen, um die Drehbank umzubauen oder mit denen wir bei den einzelnen Arbeitsgängen mit dem Werkstück direkt oder indirekt in Berührung kommen, sollen jetzt aufgezählt und besprochen werden.

Werkzeuge der Drehbank

Um an der Drehbank alle Veränderungen am Spindelstock und Reitstock durchzuführen, wird ein Stiftschraubenschlüssel benötigt. Für das Auf- und Einspannen der verschiedenen Vorrichtungen am Spindelstock sind zwei Schraubenschlüssel erforderlich. Neben diesen Schlüsseln für die Drehbank brauchen wir noch für die Maschine einen Bohrfutterschlüssel.

Werkzeuge und Maschinen für die Vorbereitung des Werkstückes

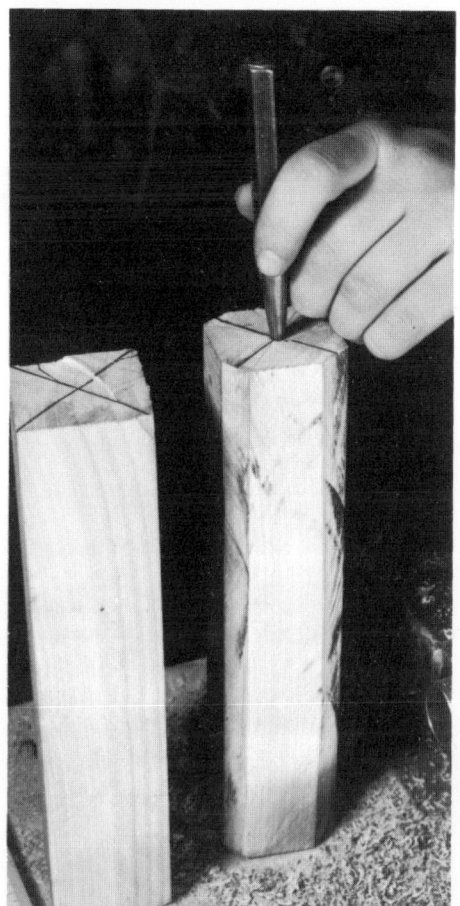

Der Werkstoff, den wir als rohes Werkstück — Rohling — vorbereiten, wird als Brett (10 bis 35 mm dick) oder als Bohle (40 bis 100 mm dick) geliefert. Von diesem Werkstoff wird ein Stück mit einer Spannsäge abgesägt.
Natürlich müssen wir vorher seinen Zweck bestimmen und genau aufzeichnen. Bei einer Längsform wird ein Längsschnitt in Richtung der Maserung (Struktur) und ein Querschnitt in Richtung des Hirnschnittes mit der Spannsäge ausgeführt. Dabei wird die Stärke des Holzes eine Rolle spielen. Ist es 35 mm dick, so zeichnen wir eine quadratische Grundfläche auf das Hirnholz. Die Länge zeichnen wir auf der oberen Brettseite an, so daß wir eine Quaderform absägen.
Auf der Grundfläche des Rohlings werden Diagonalen gezogen und damit der Mittelpunkt festgelegt. Danach wird ein Kreis aufgezeichnet, der das Maximum der Fläche einnimmt. Der Kreis berührt die Seiten des Quadrats und schneidet die Diagonalen. Verbinden wir die

runden Rohling zusägen müssen. Das Holz muß dick sein – eine Bohle –, damit ein tiefer Gegenstand gedrechselt werden kann. Um ein schönes Werkstück herzustellen, schauen wir nach, ob der Hirnschnitt Risse hat, was meistens der Fall ist. Es muß ein 40 bis 50 mm breites Querstück abgesägt werden, um diese Risse zu beseitigen. Danach wird auf der Bohlenmitte ein Kreis aufgezeichnet, der mit einer Schweifsäge ausgesägt wird.

Mit einer Stichsäge oder einem Stichsäge-Vorsatz ist es viel einfacher, einen Kreis auszusägen und es dauert nur wenige Minuten. Der Schnitt ist sauber und kann bei langsamer Sägeführung auf den Millimeter genau ausgeführt werden. Leider hat die Anwendung der Stichsäge ihre Grenzen, denn wir können mit ihr nur Schnittiefen bis maximal 60 mm erreichen.

Punkte miteinander, so entsteht ein Achteck. Wenn auf beiden Seiten ein Achteck aufgezeichnet ist und die einzelnen Ecken längsseitig verbunden sind, können wir mit der Spannsäge genauer sägen.

Der Besitzer einer kleinen Kreissäge wird sich weniger plagen, denn mit dem schräggestellten Tisch von 45 ° wird leicht ein achtkantiges Holz zurechtgesägt.

Viel schwieriger wird es, wenn wir einen

Bei Anwendung einer Kreissäge oder Handkreissäge wird es sehr schwierig beim Aussägen von Kreisformen. Der Weg führt über das Quadrat zum Achteck, wie es schon beim Längssägen besprochen wurde.

Werkzeuge und Vorrichtungen zum Auf- und Einspannen

Bei den Drechselvorgängen in der Werkstätte habe ich auf das Längs-, Quer- und Innenausdrehen hingewiesen. Beim Längsdrehen muß das Werkstück eingespannt und beim Querdrehen aufgespannt sein. Dazu werden Vorrichtungen gewählt, die bestimmen, wie Werkzeuge benützt werden.

Vorrichtungen für Langholz

Die wichtigste Einspannvorrichtung ist der Dreizack. Er hat in der Mitte immer eine Zentrierspitze und zwei weitere kürzere oder gleichlange Spitzen als Mitnehmer zum Übertragen der Umdrehungen. Mit seinem Gewinde wird er in das innere Spindelgewinde eingeschraubt. Der Dreizack soll in das Holz nur eingedrückt werden, wobei zu beachten ist, daß der Dreizack nie in der Richtung der Quermaserung eingepreßt werden darf. Wird dies nicht beachtet, so besteht die Gefahr, daß das Werkstück sich beim Drechseln spaltet. Dabei verweise ich auf die Diagonalen in dem Achteck und den Mittelpunkt, die wir bei diesem Arbeitsgang beachten müssen.

Das Zentrum für die Zentrierspitze des Dreizackmitnehmers wird mit einem Körner ins Werkstück eingeschlagen.

Auf der anderen Seite des Langholzes wird ebenfalls mit dem Körner ein Loch in den Mittelpunkt geschlagen und in das Loch wird Fett gefüllt. Die Reitstockspitze, ob stehend oder mitlaufend, wird mittels des Hebels in das Loch gedrückt und die Pinole mit der Innensechskantschraube festgeklemmt. So wird das Langholz eingespannt.

Wir können ein Langholz jedoch auch auf eine andere Art einspannen. Zuerst wird das Holz zylindrisch angedreht und in ein Spundfutter geschlagen. Als Spundfutter dient die Antriebsrolle vom Bandschleifarm des Combi-Werkzeugs. Außerdem gibt es noch Spundfutter mit Innengewinde. Bei ihnen wird das Holz nicht mehr eingeschlagen, sondern eingeschraubt.

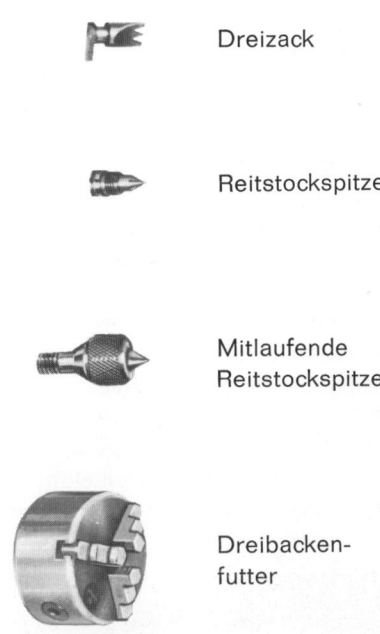

Dreizack

Reitstockspitze

Mitlaufende Reitstockspitze

Dreibacken-futter

Das Dreibackenfutter, ein Teil der Metalldrehbank, können wir auch zum Einspannen eines Langholzes verwenden. Die drei treppenförmigen Backen laufen durch die Spiralführung und werden durch einen Schlüssel selbständig zentrisch gespannt. Es ist eine vielseitige, aber auch sehr gefährliche Vorrichtung, denn die herausragenden Backen rotieren mit und bilden eine große Gefahr für Finger und Drehstähle.

Vorrichtungen für Querholz

Für den Drechsler-Anfänger ist die Planscheibe eine der wichtigsten Vorrichtungen. Sie ist eine große, mit Längsschlitzen versehene Scheibe. Durch die Löcher werden große Querholzscheiben fest aufgeschraubt. Dazu benutzen wir 25 bis 30 mm lange Schrauben. Zwischen Planscheibe und Querholzscheibe legen wir ein 8-mm-Sperrholz, um beim Drechseln mehr Raum zum Formen zu haben.

Die Planscheibe können wir auch mit der Mitnehmerschraube benutzen. Die Planscheibe wird auf das äußere Spindelgewinde aufgeschraubt, die Mitnehmerschraube hingegen in das innere Spindelgewinde eingeschraubt. Mit der Mitnehmerschraube wird die Holzscheibe an die Planscheibe gezogen und festgehalten. Die Übertragung des Drehmomentes erfolgt über die Mitnehmerschraube und die Planscheibe dient als Stütze der Holzscheibe.

Eine weitere Anwendung der Planscheibe mit Mitnehmerschraube erfolgt über eine zwischengelegte Holzscheibe. Die Holzscheibe können wir zu einem

Planscheibe

Mitnehmerscheibe

Antriebsrolle

Spund aus Hartholz formen, in den das Werkstück eingepreßt wird. Dieser Arbeitsgang wird als Drechseln mit Planscheibe und Spund auf der Mitnehmerscheibe bezeichnet.

Bei den angeführten Anwendungen der Planscheibe mit oder ohne Mitnehmerschraube können wir eine Querseite an unserem Werkstück formen. Neben dem hölzernen selbstgedrehten Spund können wir auch einen Leichtmetallspund zum Drechseln verwenden. Dieser Leichtmetall-Spund ist die Mitnehmerscheibe von der Metalldrehbank oder eine Leichtmetallbuchse. Die Mitnehmerscheibe ist sehr günstig, denn wir können sie als Spund in das Werkstück drücken, oder wir setzen das Werkstück auf die Scheibe. Die Anwendung der Mitnehmerscheibe als Spund hat den Vorteil, daß wir es immer mit der gleichen Maßeinheit zu tun haben. Auch die Antriebsrolle vom Bandschleif-

arm können wir als Spund verwenden. Beim Drechseln von kleineren Werkstücken kann sie auch wie die Mitnehmerscheibe verwendet werden.

Erfahrene Drechsler benützen eine abgesägte Leichtmetallbuchse. Sie hat eine Höhe von 12 mm und einen Durchmesser von 60 mm. Auf der äußeren Seite wurden für die Schrauben vier Löcher gebohrt. Bei dieser Vorrichtung ist eine beidseitige Bearbeitung des Werkstückes möglich, wenn das Werkstück auf eine zwischengelegte Holzscheibe geleimt ist.

Werkzeuge zum Messen und Bohren

Jeder Drechsler hat verschiedene Werkzeuge zum Messen des Durchmessers, der Tiefe, der Höhe des Werkstückes. Zu viele Werkzeuge möchte ich nicht empfehlen, aber eine Schieblehre mit Tiefenmaß und ein Spitzzirkel mit Stellbogen sind für unsere Drechslerarbeiten erforderlich. Mit diesen Meßwerkzeugen und einem Meterstab sind meine Schüler und ich gut ausgekommen.

Bevor wir ein Werkstück aufschrauben, müssen wir für die Schrauben die Löcher vorbohren. Dazu brauchen wir einen Spiralbohrer mit 3 mm Durchmesser. Bei aufgeschraubten Werkstücken bestimmen wir den Ansatzpunkt für die Pinolespitze mit einem Zentrierbohrer,

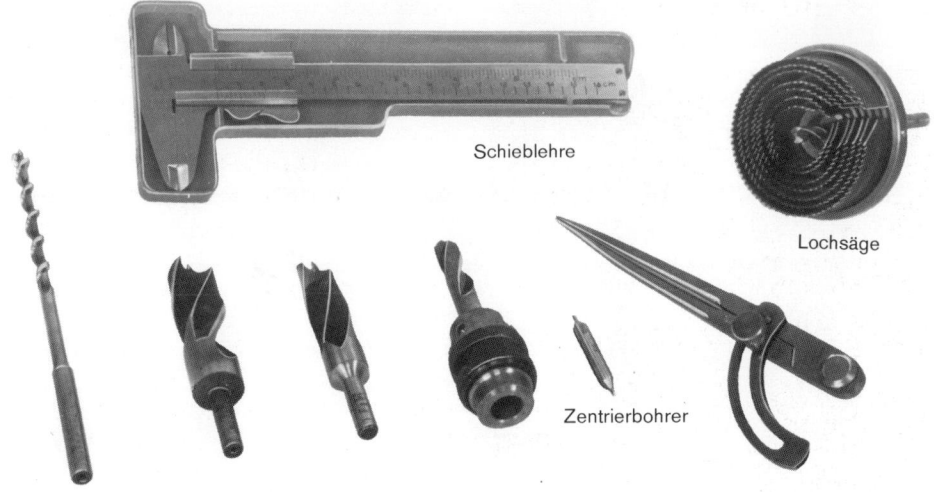

Schieblehre

Lochsäge

Zentrierbohrer

Schlangenbohrer   Zentrumsbohrer   Spiralbohrer   Spitzzirkel mit Stellbogen indem wir ihn anstelle der Pinolespitze mit einem Bohrfutter einspannen und in das rotierende Werkstück ein Loch bohren. So läßt sich die Drehachse am genauesten ermitteln. Der Spiralbohrer mit 10 mm Durchmesser und abgeflachtem Zylinderschaft wird zum Bohren der Löcher für den Zapfen der Dosenknöpfe benützt.

Um sauber arbeiten zu können, brauchen wir noch einige Zentrumsbohrer mit zylindrischem Schaft für Holz, Vorschneider und Zentrierspitze. Sie soll-ten 12, 16 und 20 mm Durchmesser haben. Mit diesen drei Größen kommen wir gut aus. Ein Schlangenbohrer mit Zylinderschaft von einer Länge von 200 mm und 8 mm Durchmesser sowie ein Hartmetall-Vollbohrer mit Zylinderschaft von einer Gesamtlänge von 600 mm und 8 mm Durchmesser sind notwendig, wenn wir Tisch-, Steh- und Deckenlampen drechseln wollen.

Die Lochsäge ist nicht unbedingt notwendig, kann aber immer eine gute Hilfe sein.

Werkzeuge zum Drechseln

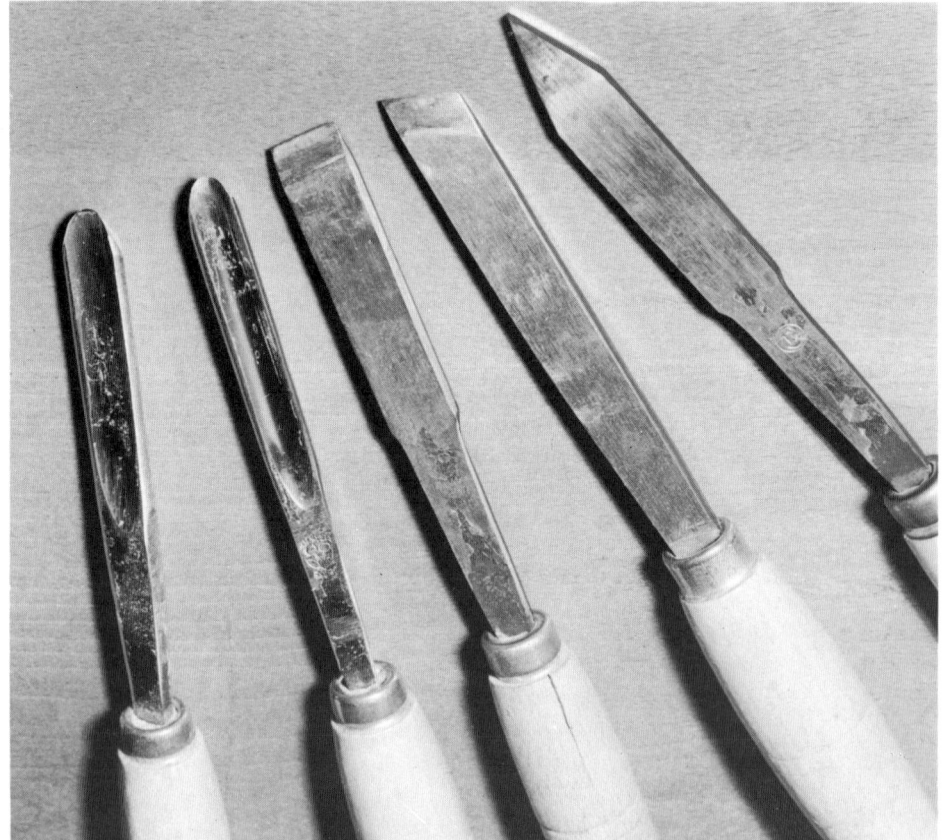

Röhre   Röhre   Meißel   Meißel   Abstechstahl

Der Drechsler verwendet zum Formen seiner drehenden Holzstücke verschiedene Metallwerkzeuge. Sie bestehen aus einem Stahlstück, das eine flache oder eine gewölbte Form hat und spitz, abgerundet oder gerade ausläuft. Jedes Werkzeug steckt in einem der Hand angepaßten Heft. Die rund auslaufenden hohlen Röhren und die flachen und geraden Meißel sind die Werkzeuge, mit denen der Drechsler praktisch alle Werkstücke formen kann. Natürlich sind für den Drechsler noch verschiedene andere Werkzeuge vorhanden, doch interessieren uns hier nur die Werkzeuge, die wir benutzen wollen. Mit ihnen lassen sich alle Arbeiten gut ausführen.

Röhren

Die große und breite Röhre heißt Schroppröhre. Mit ihr wird stets die erste grobe Arbeit in der Drehbank geleistet. Sie hat eine flache Form und sieht einem Hohlbeitel sehr ähnlich. Mit ihr können wir breite Späne wegdrehen und sehr schnell eine grobe Grundform herstellen. Die Schroppröhre dürfen wir nie zu tief einstechen, denn es besteht

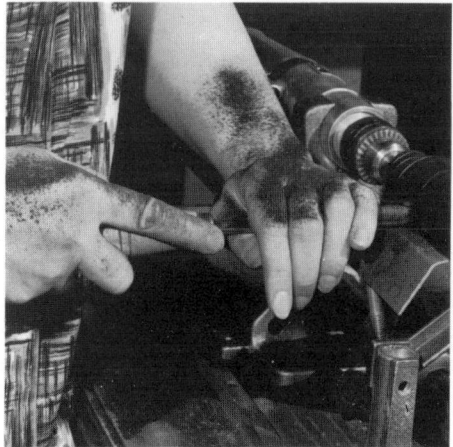

dann die Gefahr, daß sie sich verfängt. Die Schroppröhre dient zum Drehen von Weichholz sowie von mittelharten Hölzern. Weichholz drehen wir mit einem sehr spitzen Schneidewinkel, beim Hartholz hingegen setzen wir das Werkzeug beinahe rechtwinkelig am Arbeitsteil auf.

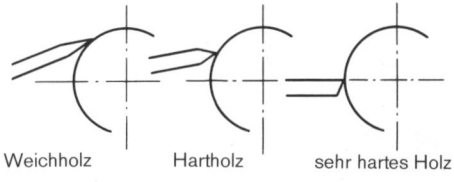

Weichholz   Hartholz   sehr hartes Holz

Die Formröhre, ein Hohlstahl, dient je nach ihrer Schneideform entweder zum Ausdrehen oder zum Schlichten. Mit dieser Röhre erhält das Werkstück nahezu alle geschwungenen Formen angedreht. Dies hängt immer vom Schliff der Röhre ab. Nach der Härte des Holzes werden wir eine rundere oder eine spitzere Wölbung zuschleifen. Bei Weichholz wird die Wölbung mehr abgerundet sein, bei sehr hartem Holz muß sie beinahe spitz sein. Wie wir die Röhre und die Stähle handhaben müssen, lernen wir später kennen.

zer Winkel. Daher können wir den Drehmeißel zum Schlichten und zum Abstechen verwenden. Es werden mit ihm nicht nur gerade, sondern auch geschwungene und gewölbte Formen sauber gedreht. Deshalb ist er das unentbehrliche Werkzeug zum Glätten von Formflächen. Mit seiner unteren Spitze können wir Rundungen drechseln, wogegen mit seiner oberen Spitze das Ein- und Abstechen erfolgt. Die Anwendung des Schneidewinkels hängt immer von der Härte des Holzes ab.

Der Schlicht- oder Flachmeißel ist beim Drechsler nur einseitig geschliffen, wogegen unser Flachmeißel von beiden Seiten geschliffen ist und eine gerade Schneide hat. Er hat keine zwei verschiedenen Winkel wie der Drehmeißel. Wenn er geschliffen ist, so streichen wir ihm einen Grat an; dann hat er beim Bearbeiten von hartem Querholz eine bessere Schabwirkung. Mit ihm können wir Querholz eben drechseln und schlichten. An seiner Stelle haben wir mit Vorliebe ein altes Hobeleisen verwendet, denn mit ihm konnten wir besser schaben. Natürlich wurde es erst dann verwendet, als wir im Umgang mit den Drehstählen sicher waren.

Meißel

Der Drehmeißel gehört zu den bevorzugten Werkzeugen, und wir können uns kaum eine Drechslerarbeit vorstellen, bei der wir keinen Drehmeißel brauchen. In seiner Form ist er gerade und flach. Er wird von beiden Seiten geschliffen. Seine Schneide ist schräg. Dadurch entsteht an den beiden Enden der Schneide ein stumpfer und ein spit

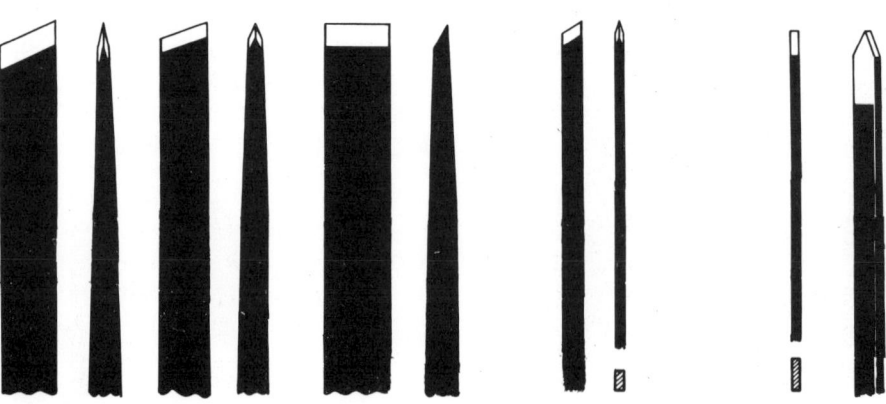

40

Abstechstahl

Der Plattenstahl und der Abstechstahl sind bei uns Meißel. Sie sind wie alle Meißel von beiden Seiten geschliffen, und zwar an der schmalen Seite. Die lange Spitze dient zum Eindrechseln schmaler Platten. Auch können wir ihn zum Einstechen benutzen, jedoch brauchen wir den Drehstahl meist zum Abstechen des Werkstückes. Er muß immer etwas schräg herangeführt werden, damit er eine genügend breite Platte einsticht.

Arbeitsverhalten und Unfallschutz

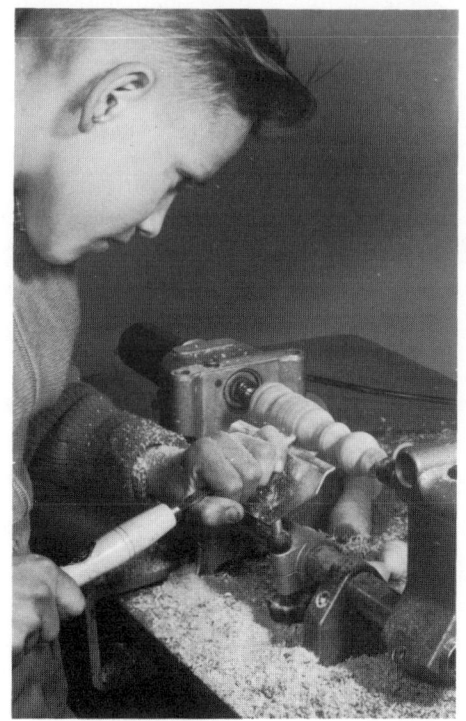

Nachdem wir nun wissen, wozu wir die einzelnen Werkzeuge benutzen, wollen wir lernen, wie wir sie zu halten haben und wie wir uns selbst dabei verhalten sollen.

Nun also einige Worte zur Körperhaltung und zur Anwendung der Stähle. Wenn wir vor der Drehbank stehen, dann machen wir mit dem linken Bein einen kleinen Ausfallschritt. Der Drehstahl wird mit der linken Hand im Ristgriff im Winkel von 20 ° bis 30 ° auf die Handauflage gedrückt. Die rechte Hand umfaßt ganz leicht den Holzgriff als Sicherheitsvorkehrung gegen ein Einhaken des Drehstahles in das Werkstück. Linkshänder legen natürlich die linke Hand auf den Griff des Werkzeuges.

Der Junge hat eine gute Haltung. Leider ist er nicht sehr auf seine Sicherheit bedacht. Denn dann müßte er die **Ärmel von Pullover und Hemd hinaufkrempeln,** um so zu vermeiden, daß durch eine ungeschickte Bewegung die Kleidung vom Werkstück erfaßt wird. Dann wird

41

nämlich mindestens der Pullover beschädigt, wenn nicht gar die Hand an das rotierende Werkstück gezogen und verletzt wird. Außerdem sollten wir bei einer Wollbekleidung eine **Arbeitsschürze** oder einen **Arbeitsmantel** anziehen. Zum Schutze der Augen vor den herumfliegenden Spänen wird eine **Schutzbrille empfohlen.** Außerdem sollte jeder, der an der Drehbank steht, eine **Kopfbedeckung tragen,** damit das Haar vor Staub geschützt wird.

Schleifen der Werkzeuge

Jeder Anfänger wird bald erfahren, daß er am besten mit scharfen Werkzeugen drechseln kann. Er ist damit vor die Wahl gestellt, entweder seine Werkzeuge selbst zu schärfen oder sie schleifen zu lassen. Will er nicht wegen jeder stumpfen Röhre zu einem Fachmann gehen, so wird er wohl oder übel lernen müssen, sich seine Werkzeuge selbst zu schleifen.
Das Schärfen muß oft geübt werden, bis die zwei Vorgänge — das Schleifen und das Abziehen — richtig beherrscht werden.

Schleifen

Zum Schleifen nehmen wir die Schleifscheibe oder den Schleifteller. In beiden Fällen müssen wir die Zusatzteile an den Spindelstock anbauen, d. h. die Drehbank muß umgebaut werden. Wenn wir den Schleifteller nehmen, müssen wir weniger an der Drehbank umstellen. Auf den Schleifteller kleben wir ein mittelgrob gekörntes Korund-Schleifblatt. Die Handauflage dient uns zum Auflegen des Stahles und ermöglicht eine ruhige und sichere Führung. Dabei ist zu beachten, daß die Auflage etwas über der Mitte des Schleiftellers steht und 20 mm von ihm entfernt im spitzen Winkel festgezogen wird. Dadurch ragt die Auflage am Schleifteller vorbei und bietet uns Schutz vor dem rauhen Schleifblatt. In die Nähe der Auflage wird ein Topf mit Wasser gestellt.
An der M 20 wird der erste Gang eingestellt, und nun dreht sich die Scheibe mit etwa 500 U/min. Eine höhere Umdrehungszahl ist beim Schleifen gefährlich.
Das Schleifen von Drehmeißel, Flachmeißel und Abstechstahl ist verhältnismäßig leicht. Das Wichtigste ist das Anlegen der zu schleifenden Fläche. Wenn der Schleifteller in Ordnung ist, so wird das Schleifblatt richtig anliegen und glatt werden. In diesem Falle tauchen wir den Stahl in das Wasser und halten ihn an das Schleifblatt. Nicht drücken — leicht halten! Die Haltung des Stahles bestimmt die Form der Schleiffläche, den wir zwischendurch wieder in das Wasser tauchen müssen. Etwas schwieriger wird das Schleifen einer Röhre. Die Röhre ist halbrund und muß auch so zugeschliffen werden. Sie muß deshalb zuerst von der einen Seite geschliffen werden. Dabei wird die Wölbung nach oben gehalten. Beim Schleifen der anderen Seite wird die Wölbung nach unten gehalten. Sind beide Seiten gleichmäßig geschliffen, so versuchen wir durch eine halbe Drehung den richtigen Schneidewinkel zu bekommen.

Etwas schwieriger wird es beim Schleifen am Sägetisch. Der Winkel ist nie so günstig wie bei der Handauflage, denn der Tisch ist starr. Trotzdem wurde bei Volkshochschulkursen am Schleifteller mit Tisch geschliffen, da die Teilnehmer mit dem Umbauen der Geräte keine Zeit verlieren wollten. Die Ergebnisse waren zufriedenstellend.

Die Erfahrung in der Schule und bei Kursen hat gezeigt, daß das Schleifen an der Schleifscheibe sehr schwierig ist. Die Schleifscheibe ist rund und dreht sich vom Werkzeug weg. Sie muß eine mittelgrobe Körnung mit einer bestimmten Härte haben. Es ist gut, wenn wir die Schleifscheibe vor dem Einschalten mit einem nassen Lappen gut anfeuchten und danach den Stahl immer wieder in das Wasser tauchen. So können wir leichter schleifen.

Beim Schleifen wird der Drehmeißel mit der rechten Hand an den laufenden Stein gehalten, und mit der linken leicht angedrückt. Der Druck darf nicht zu stark sein, denn sonst kann der Stahl ausglühen. Um dem Ausglühen vorzubeugen, tauchen wir den Stahl immer wieder in einen bereitgestellten Topf mit Wasser. So erhalten wir die Feuchtigkeit auf dem Stein.

Wichtig ist das richtige Anstellen und Bewegen des Stahles beim Schleifen. Auf den Bildern können wir leicht erkennen, wie wir den Stahl beim Schleifen anzustellen haben und was wir nacheinander tun müssen. Um eine gerade Schneide zu erhalten, muß der Drehmeißel gleichmäßig abgeschliffen werden. Drücken wir den Meißel zu sehr auf den Schleifstein, wird die Meißelseite hohl; geben wir dem Meißel zu wenig Andruck, so wird die Meißelseite ballig. Ist aber die Schleif-

fläche der Schleifscheibe nicht gut abgerichtet, werden wir keine gerade Schneide bekommen, sondern eine hohle, ballige oder ungleiche Schneide. Beim Anstellen und Bewegen des Meißels kann es vorkommen, daß die Seiten zu flach oder zu steil werden. Die Abschrägung der Seite am Meißel wird in der Fachsprache als Fase bezeichnet. Am Ende der Fase entsteht beim Schleifen ein Grat, den wir abziehen müssen. Die Formröhre ist wegen ihrer Wölbung etwas schwieriger zu schleifen als der Meißel. Beim Schleifen der Formröhre dürfen wir den Stahl nicht auf eine Stelle der Schleifscheibe halten. Am vorteilhaftesten ist es, wenn wir ihn hin und her bewegen, um zu vermeiden, daß auf der Schleifscheibe eine Hohlkehle entsteht. Es ist zu beachten, daß die Röhre eine gleichmäßige Rundung erhält und nicht zu spitz zugeschliffen wird. Die Schleifscheibe wird bei dauernder Benützung abgerundet oder hohl werden. Da wir auf einer abgenutzten Schleifscheibe keinen sauberen Schliff erreichen, muß die Scheibe abgerichtet werden. Dafür gibt es einen extraharten Carborundumstein. Mit ihm wird die feuchte Schleifscheibe gerichtet. Beim Abrichten und beim Schleifen tragen wir unbedingt eine Schutzbrille, die unsere Augen gegen den Schleifstaub sichert. Der Schleifstaub ist feucht und setzt sich an allen blanken Maschinenteilen fest, die dann sehr leicht rosten. Um dem vorzubeugen, bestreuen wir die blanken Teile tüchtig mit trockenen Drehspänen. Die Späne saugen die Feuchtigkeit auf und der Schleifstaub klebt an ihnen fest. Nach beendetem Abrichten oder Schleifen kehren wir die Späne ab und haben wieder eine saubere Drehbank.

Abziehen

Der beim Schleifen entstandene kleine Grat an Drehmeißel oder Formröhre wird durch Abziehen auf dem Abziehstein entfernt. Die Abziehsteine können aus Naturstein oder aus Kunststein sein. Das Abziehen geschieht immer freihändig auf dem feuchten Stein. Bei weichen Steinen benützen wir Wasser, bei harten Steinen Petroleum oder Öl. Beim Abziehen des Drehmeißels nehmen wir den feuchten oder fetten Arkansas-Stein in die linke Hand, in einer Schräghaltung der Fase angepaßt, d. h. die Fase liegt immer mit der gesamten Fläche an. Dabei soll der Arm nicht an den Körper angelehnt oder angepreßt sein. Mit der rechten Hand bewegen wir den Meißel leicht und frei gleichmäßig hin und her.

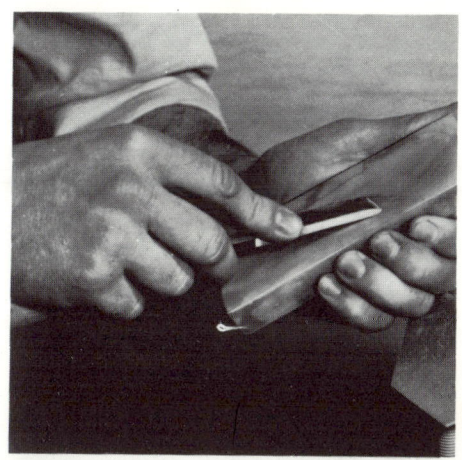

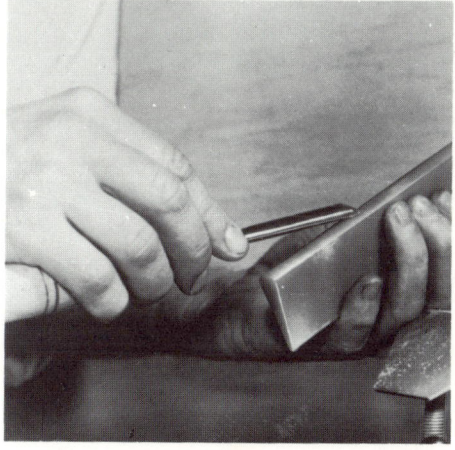

Die Formröhre nehmen wir in beide Hände wie beim Drechseln. Den fetten Arkansas-Stein legen wir auf einen Lappen, damit er nicht rutscht. Die richtig angepaßte Röhre wird wie beim Meißel hin und her bewegt, wobei sich die Hände gleichmäßig der Wölbung nach drehen. Die Innenseite der Schneide wird auf einem Arkansas-Formstein abgezogen.

Längsdrehen

Zylinderform – die Walze und ihre Veränderungen

Zum Längsdrehen wird das Werkstück, in unserem Fall ein achtkantiges Hartholz, zwischen Dreizackmitnehmer und Reitstockspitze eingespannt, die Reitstockspitze gefettet, die Handauflage auf 10-15 mm herangebracht und festgezogen. Die Handauflage soll auf der Reitstockseite über das Ende des Werkstückes hinausragen. Ist die Drehbank fertig eingestellt, so versuchen wir bei ausgeschaltetem Motor, ob sich das Werkstück frei um seine Achse drehen kann. Läßt es sich einwandfrei drehen, bleibt also nicht hängen oder streift die Handauflage, schalten wir den Motor in den ersten Gang. Die linke Hand umfaßt die Röhre ganz vorne und wird auf die Handauflage gelegt. Liegt die linke Hand ruhig auf, so wird mit der rechten Hand die Röhre langsam und behutsam an das rotierende Arbeitsstück herangeführt. Der Stahl soll nicht schlagen und haken, sondern schneiden. Dies können wir an den Spänen überprüfen; sie müssen fliegen. Haben wir das Schneiden erreicht, so ziehen wir die Röhre auf der Auflage nach links zum Spindelstock. Die Hand muß dabei immer auf der Auflage liegen. Anfängern wird empfohlen, den gleichen Weg solange zu wiederholen, bis das kantige Holz eine Zylinderform hat. Danach wird die Handauflage am nächsten Teil des Holzes angebracht und der Vorgang solange wiederholt, bis wir eine Walze zwischen unserer Einspannvorrichtung haben. Es ist zu beachten, daß bei einem langsamen, gleichmäßigen Ziehen der Röhre eine glatte Drehfläche entsteht, wogegen bei einem raschen, ungleichmäßigen Ziehen eine wellenartige Fläche zu sehen ist. Diese unebene Fläche behandeln wir mit dem Drehmeißel und schlichten mit der gesamten Schneide. Mit dem Abstechstahl werden die beiden Enden angestochen, so daß die Einspannvorrichtungen im Holz noch festsitzen. So bestimmen wir auf einfache Weise die Länge der Walze und erreichen eine glatte Hirn- und Fußfläche. Nachdem wir das Längsdrehen in einer Richtung mehrmals geübt haben, wollen wir nun versuchen, nach beiden Richtungen zu drehen. Dabei neigen wir die Röhre beim Zug zum Spindelstock etwas nach links; führen wir die Röhre zum Reitstock hin, so neigen wir sie etwas nach rechts. Mit dieser Haltung erreichen wir, daß auch die Seiten der Röhre

schneiden und nicht nur die Rundung. Das Drechseln nach beiden Richtungen geht schneller, doch soll es der Anfänger erst üben, wenn er bei der Stahlführung das richtige Gefühl entwickelt hat.

Wenn wir das Drechseln einer Walze beherrschen, können wir dazu übergehen, die gesamte Form zu verändern. Es soll eine konische Form entstehen. Nun drehen wir das Walzenende am Reitstock mit der Röhre gleichmäßig ab, bis wir einen Durchmesser von 20 mm haben. Am Spindelstock soll die Walze dann einen Durchmesser von 50 mm haben. An diesem Ende drehen wir einen Zapfen von 35 mm Durchmesser und 35 mm Länge in das Werkstück. Die konische Form hat eine Länge von 550 mm und kann als Tischbein verwendet werden.

Unsere zylindrische Form wollen wir noch auf eine andere Art verändern. Wir

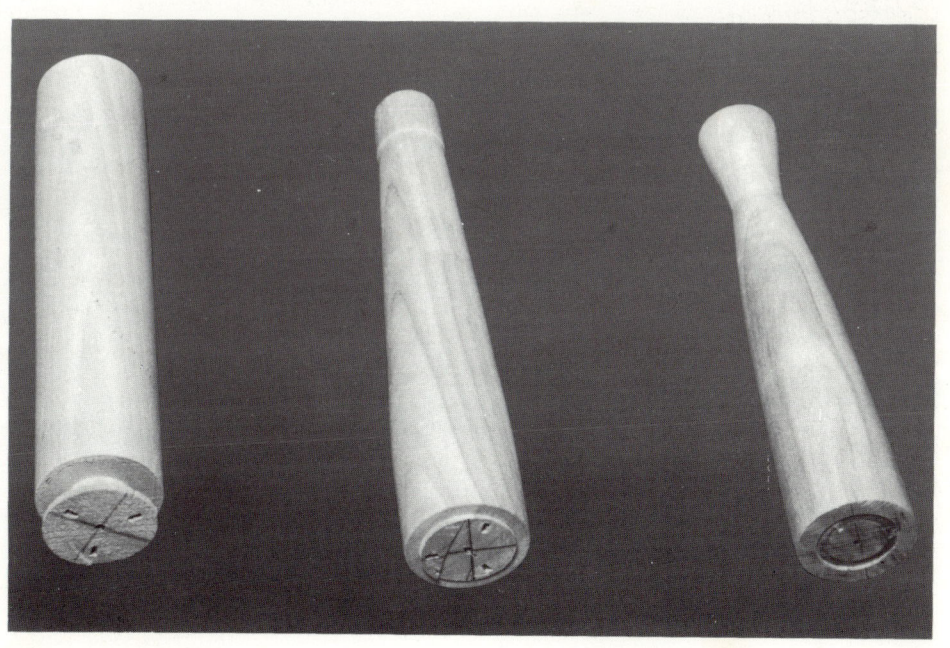

drehen die 55 mm dicke Walze zum Reitstock hin auf 35 mm ab. Nun schleifen und schlichten wir die konische Form. 30 mm von dem einen Ende entfernt stechen wir 3 mm tief ein und drehen gleichmäßig bis zum Spindelstock hin ab, wo die Walze dann 52 mm dick ist.

Zur Übung verändern wir unsere Walzenform noch auf eine dritte Art. Wir werden die Walze in zwei ungleichmäßige Teile einteilen und die stehende Walze mit einem Bleistift anzeichnen. Danach wird die Handauflage an der Markierung festgezogen und mit dem Drechslermeißel stechen wir die Markierungen in das Holz ein. Vom einen Ende her drehen wir unsere 240 mm lange Walze so ab, daß ihr Durchmesser sich nach 170 mm von 55 mm auf 30 mm verjüngt und die letzten 70 mm auf 38 mm ansteigt. Das gleichmäßige Abnehmen nach beiden Seiten hin können wir gut kontrollieren, wenn wir vom Einstich ausgehen. Die Form stechen wir an beiden Enden ab.

Die konischen Formen sehen bei Kerzenleuchter und Tischlampe gut aus.

Aus der zylindrischen Form zur konischen Form

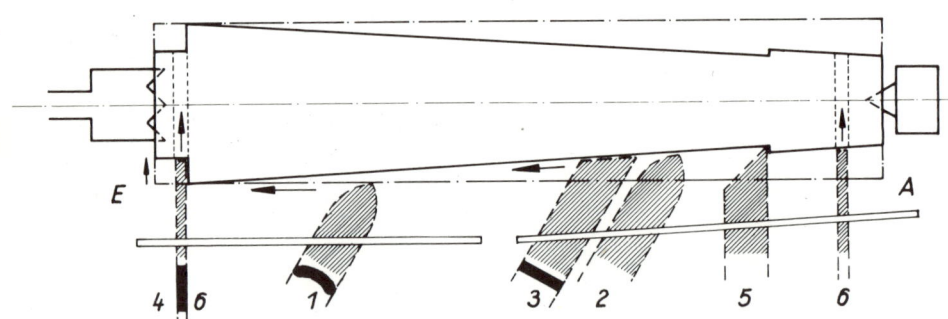

Arbeitsgänge:

1 Zylindrische Form mit der Röhre
  Richtung: A = Anfang, E = Ende
2 Konische Form mit der Röhre
3 Schlichten mit dem Drehmeißel
4 Einstechen mit dem Abstechstahl
5 Einstechen mit dem Drehmeißel
6 Abstechen mit dem Abstechstahl

Abstechen

Nicht ganz einfach ist das Abstechen des fertigen Werkstückes. Ich habe die Erfahrung gemacht, daß sich Anfänger bei dieser kniffligen Arbeit schwer tun. Sie halten den Stahl zu verkrampft und drücken ihn zu sehr in das Holz. Dabei reißen sie dann mit dem Stahl die Späne aus dem Holz und das Werkstück bricht oder kommt sonstwie zu Schaden. Dies alles läßt sich vermeiden, wenn wir schon bei der Einteilung unserer Form an das Abstechen denken, denn Abstechen müssen wir, wenn man die Spuren von Dreizack und Pinolspitze nicht am fertigen Werkstück sehen soll. Je mehr Holz wir zum Abstechen übrig haben, desto leichter geht es; wir brauchen jedoch mindestens die Tiefe des Dreizacks und die doppelte Breite des Abstechstahls, um zu verhindern, daß der Stahl auf den Dreizack trifft. Meist genügt an beiden Enden 20-25 mm Holz zum Abstechen. Nachdem wir unsere Form fertig gedrechselt haben, drehen wir die Enden mit leichtem Druck mit dem Abstechstahl bis auf einen Durchmesser von 10 mm ab. Nun müssen wir aufpassen und den Stahl abwechselnd mit einer Spitze vorschieben, damit er ja nicht schroppt. An der sauberen Seite können wir vielleicht noch ein wenig abdrehen, müssen aber sofort den Motor abstellen, wenn das Werkstück anfängt zu wackeln. Den Drehrest sägen wir mit einer Feinsäge ab.

Drechsel-Grundformen

Das Eindrehen von Grundformen ist das eigentliche Formdrehen, das wir bei der Gestaltung von Werkstücken verwenden. Unsere Schaustücke sind zum Teil reichlich mit den Grundformen geschmückt und deshalb wollen wir sie eingehend besprechen.

Vertiefte Grundformen

Die einfachste vertiefte Grundform ist die schmale Platte, eine kantige Vertiefung, die mit dem Abstech- oder Plattenstahl eingestochen wird. Bei breiteren Platten verwenden wir den Abstechstahl; doch können wir auch den Flachstahl benutzen, wenn die Platte noch breiter werden soll.

Ein wenig komplizierter wird es, wenn wir die Kerbe einstechen. Dazu benutzen wir den Drehmeißel, mit dem nach unserer Abbildung gleichmäßig beidseitig eingestochen wird. Dabei müssen wir uns wieder daran erinnern, daß die richtige Führung des Drehmeißels nur bei richtiger Körperhaltung möglich ist. Der Junge auf dem Bild zeigt uns, wie wir an der Drechselbank richtig stehen. Um im Einstechen von Kerben sicher zu werden, sollten wir einige Kerben übungshalber nebeneinander einstechen. Wenn sie in Tiefe und Breite gleichmäßig sind, waren wir erfolgreich. Die Hohlkehle wird in ihrer Breite von beiden Seiten mit dem Drehmeißel angezeichnet und etwas vertieft. Danach benutzen wir die Formröhre und drechseln die Wölbung aus. Nach mehreren

Übungen wird eine Geschicklichkeit erreicht, so daß wir eine Hohlkehle nur mit der Formröhre eindrehen können. Dabei ist zu beachten, daß nie gegen das Holz, sondern immer beidseitig von oben nach der unteren Mitte zu gedrechselt wird.

Die Viertelkehle ist eine zusammengesetzte vertiefte Form. Sie liegt zwischen einer erhöhten Form und einer Platte. Die Breite der Viertelkehle wird mit dem Drehmeißel eingezeichnet. Danach wird mit dem Abstechstahl die Platte eingestochen und mit der Formröhre die Viertelkehle ausgedreht. Das Ausdrehen erfolgt einseitig von oben nach der unteren Mitte wie bei der Hohlkehle.

Die vertieften Grundformen

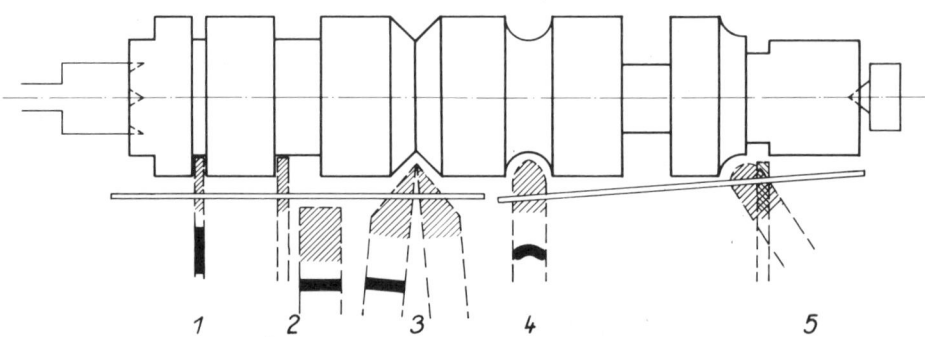

Arbeitsgänge:

1 Schmale Platte mit dem Abstechstahl
2 Platte mit dem Abstechstahl oder Flachstahl
3 Kerbe mit dem Drehmeißel
4 Hohlkehle mit der Formröhre
5 Viertelkehle mit der Formröhre und dem Abstechstahl

50

Erhöhte Grundformen

Beim Drechseln der Viertelkehle sind wir auf die erste erhöhte Grundform gestoßen. Die glatte kantige Erhöhung wird als Stab bezeichnet. Er ist einfach zu drehen, da wir nur an beiden Seiten abdrehen müssen, um so beidseitig Platten entstehen zu lassen.

Aus dem Stab können wir durch gleichmäßiges Abdrehen mit dem Drehmeißel den Spitzstab anfertigen. Bei einer Reihenübung stechen wir mit dem Abstechstahl in eine Walze in gleichen Abständen Platten ein. Die entstandenen Stäbe werden in der Mitte mit einem Bleistift angezeichnet, damit wir beim Drehen der Spitzstäbe genau wissen, wie weit wir von beiden Seiten mit dem Drehmeißel abdrehen können.

Für den Rundstab können wir den gleichen kräftigen Bleistiftstrich für die Kuppe der Wölbung anzeichnen. Dann gehen wir so vor, daß wir zunächst beidseits die Rundung mit dem Drehmeißel einstechen und haben so eine genaue Markierung. Danach wird mit der Formröhre die Grundform hergestellt. Es ist dabei zu beachten, daß immer von der Mitte her nach beiden Seiten abwärts gedreht wird. Der Rundstab wird mit dem Drehmeißel in seinem unteren Teil geschlichtet, wie es unser Bild zeigt.

Die erhöhten Grundformen

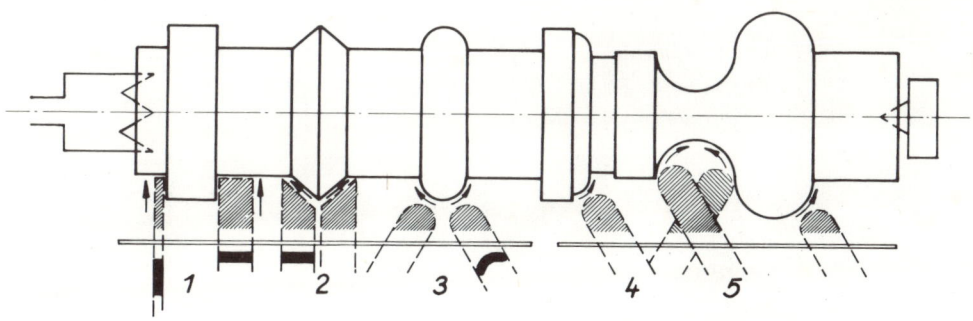

Arbeitsgänge:

1 Stab mit dem Abstechstahl oder Flachstahl
2 Spitzstab mit dem Drehmeißel
3 Rundstab mit der Formröhre
4 Viertelstab mit der Formröhre
5 Karnies mit der Formröhre

Der Viertelrundstab wird an einem Stab gedreht und zeigt neben seiner Form eine Platte. Er ist eine zusammengesetzte Form, die wir zuerst mit dem Drehmeißel anzeichnen und danach als Platte einstechen. Die Rundung des Viertelrundstabes wird mit der Formröhre gedrechselt. In seinem unteren Teil wird er mit dem Drehmeißel geschlichtet.

Die direkte Verbindung von Hohlkehle und Rundstab wird Karnies genannt. Aneinandergereiht ergibt diese Form eine Wellenlinie; die wenig gewölbte Wellenlinie wird mit der Formröhre vorgeformt und mit dem Meißel geschlichtet. Bei stark gekrümmten Wellenlinien müssen wir das Schlichten mit der Formröhre ausführen.

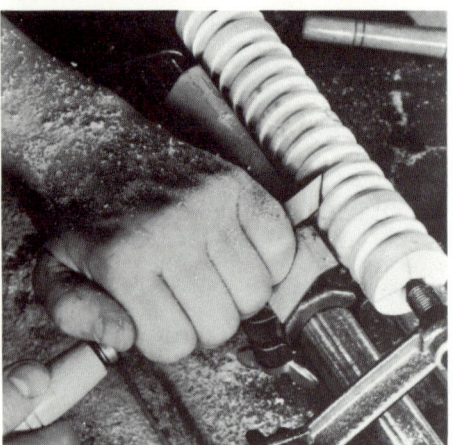

Mit diesen Grundformen können wir alle Drechselarbeiten schmücken, was heute aber nur in ganz bescheidener Form geschieht. Aus diesem Grunde sollten wir sie an Übungsstücken, so wie wir sie auf unserem Bild sehen, erproben, um richtig von ihrer Form beeindruckt zu werden. Als Vergleich zeigen wir angewandte Beispiele aus der

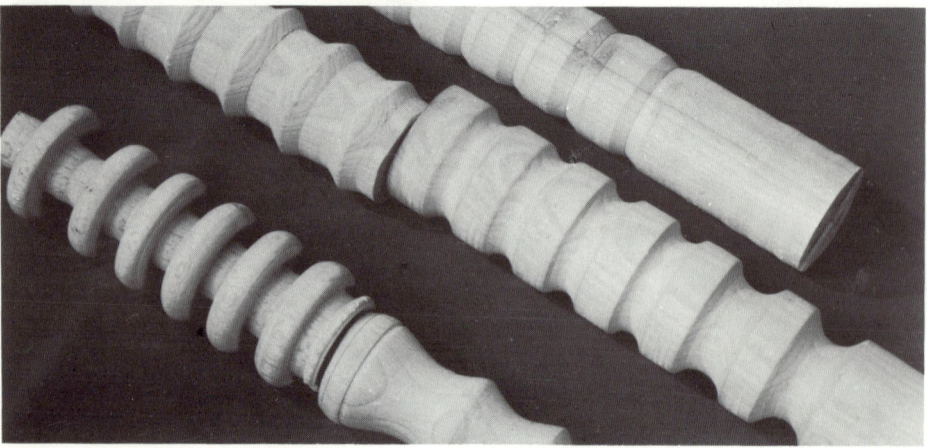

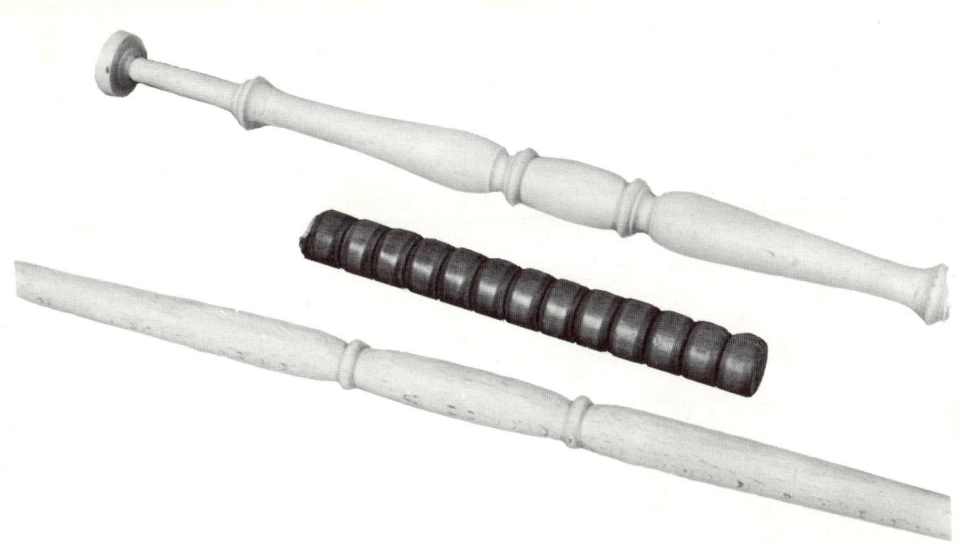

Drechslerwerkstatt, bei denen der Drechslermeister einige Kombinationen der Grundformen ausführte. Abschließend werden einige Arbeitsstücke gezeigt, an denen wir erkennen, daß es sich um Übungen handelt, bei denen das Formsuchen im Vordergrund stand.

An drei Arbeitsstücken wurden nur zwei bis drei Grundformen angewandt und sie wirken dementsprechend einfach oder auch unbeholfen. Die beiden anderen Stücke wirken unruhig und sind zum Teil mit schmückenden Elementen überladen.

Beispiele:

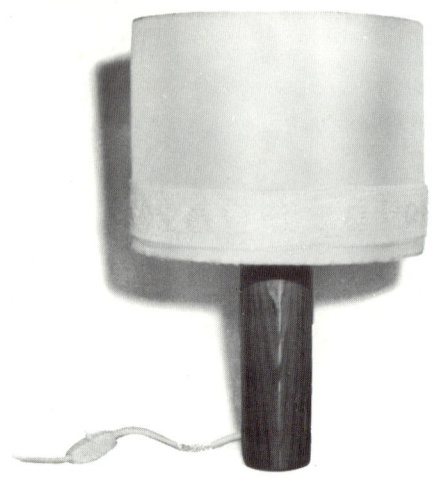

Tischlampe aus Mahagoni, Durchmesser 80 mm, 360 mm hoch, ballenmattiert.
Eine zylindrische Form (Walze). In der Mitte in der ganzen Höhe durchbohrt, in 25 mm Höhe eine Seitenbohrung für die Kabelzuführung.
Die Standfestigkeit wurde dadurch erzielt, daß ein Standrand von 10 mm Breite geschaffen wurde. Bei einem ähnlichen Modell wurde eine Vertiefung für eine Bleieinlage eingedreht. Mit der Bleieinlage ist die Standfestigkeit der Lampe bei jeder Schirmform gewährleistet.
Das Schirmgestell ist aus Messingdraht, hartgelötet, und mit Seide überzogen; auf die Seide ist ein Spitzenband aufgenäht.
(Hergestellt von einer Kursteilnehmerin der Volkshochschule.)

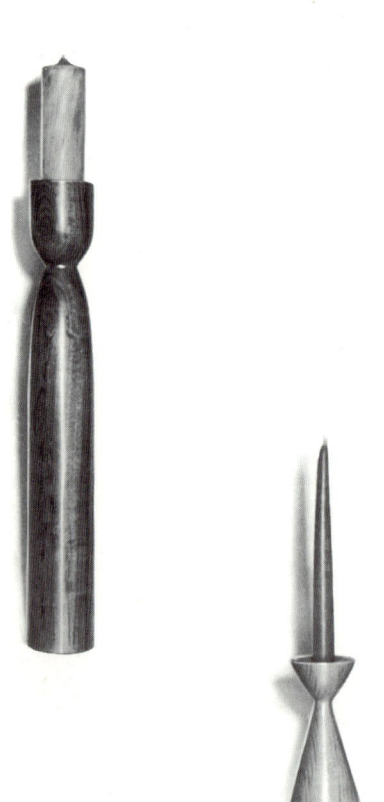

Kerzenleuchter aus Mahagoni, Durchmesser 80 mm, 640 mm hoch, ballenmattiert.
Eine zylindrische Form mit einer Hohlkehle, aufgeteilt auf Wachsschale und Ständer. In der Mitte der Wachsschale ein spitzer Messingstift für die Kerze.

Kerzenleuchter aus Eiche, Durchmesser 75 mm, 180 mm hoch, gewachst.
Zwei konische Formen, Wachsschale und Ständer. In der Mitte eine Bohrung, Durchmesser 20 mm, für die Kerze.
(Die Leuchter wurden von der selben Kursteilnehmerin der Volkshochschule gedrechselt.)

Kerzenleuchter aus Gabun, Durchmesser 70 mm, 210 mm hoch, Wachsschale Durchmesser 60 mm, ballenmattiert.
Eine konische Form mit einem Viertelstab als Wachsschale. In der Mitte der Wachsschale eine Bohrung für die Kerze, Durchmesser 24 mm.
Standfestigkeit wie bei den Lampen, ohne Bleieinlage.
(Gedrechselt von einer Kursteilnehmerin der Volkshochschule.)

Tischlampe aus Makoré, Durchmesser 68 mm, 320 mm hoch, ballenmattiert.
Eine konische Form mit einer Viertelkehle und einem breiten Stab. Durch die Mitte eine Bohrung von 8 mm Durchmesser und von der Seite in 30 mm Höhe eine Bohrung für die Kabelzuführung.
Standfestigkeit wie bei der anderen Lampe.
Der Schirm wurde aus Japanpapier gefaltet und auf ein kleines Drahtgestell aus verzinktem Draht — weich gelötet — aufgesetzt.
(Hergestellt von einer Kursteilnehmerin der Volkshochschule.)

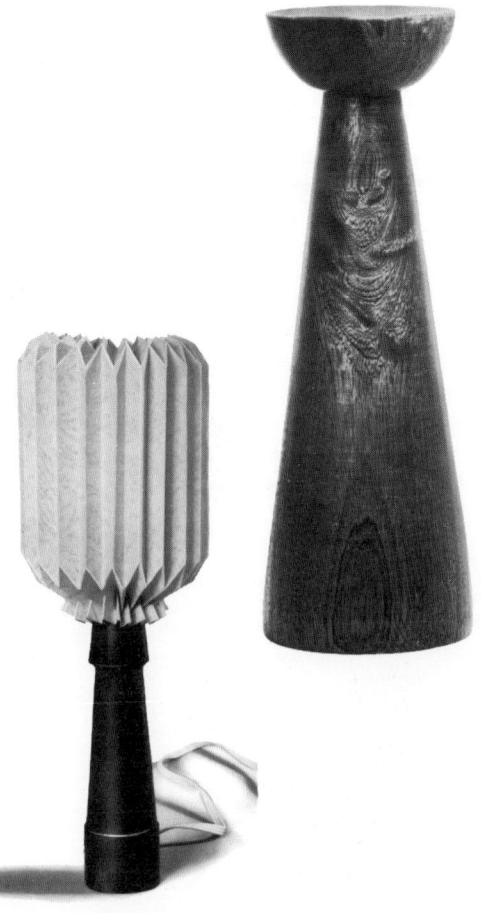

Hammer aus Palisander, Durchmesser 55 mm, 315 mm lang, ballenmattiert.
Der zylindrische Hammerkopf wurde mit zwei Rundstäben und einer Hohlkehle verziert. Der Stiel weist in längsgedrehter Form die gleichen Grundformen auf.
(Die Arbeit eines Schülers als Geschenk für die Glockenweihe der Dreifaltigkeitskirche in Stuttgart-Rot.)

Quer- und Innenausdrehen

Formen auf der Planscheibe

Wir schrauben das vorbereitete Holz auf die Planscheibe auf und ziehen sie auf dem Spindelstockgewinde fest. Bevor wir nun mit dem Querdrehen beginnen können, werden wir meist noch die Unwucht beseitigen müssen, die sich durch das Verrücken des Zentrums beim Aufschrauben gebildet hat. In diesem Fall wird empfohlen, die Handauflage so festzuklemmen, daß das Ende über das Holz reicht und quer zur Holz-scheibe steht. Mit dem Abstechstahl oder dem Drehmeißel wird die Unwucht beseitigt, d. h. der Rohling wird abgedreht. Später, wenn wir genügend Erfahrung an der Drehbank gesammelt haben, stellen wir die Handauflage seitlich an und drechseln mit der Schroppröhre die Grundform und Unwucht in einem Arbeitsgang ab. Wenn die Unwucht behoben ist, können wir mit dem Drehmeißel oder Flachmeißel den Boden schlichten. Es werden dabei die Unebenheiten ausgeglichen und gleichzeitig geschlichtet, so daß wir diesen Teil glatt bekommen. Das Formen der Seite erfolgt mit der Röhre und wird soweit verfeinert, daß nur mehr das Schleifen notwendig ist. Damit hätten wir unsere glatte Außenform, die noch poliert oder mattiert wird.

Formen auf der Planscheibe

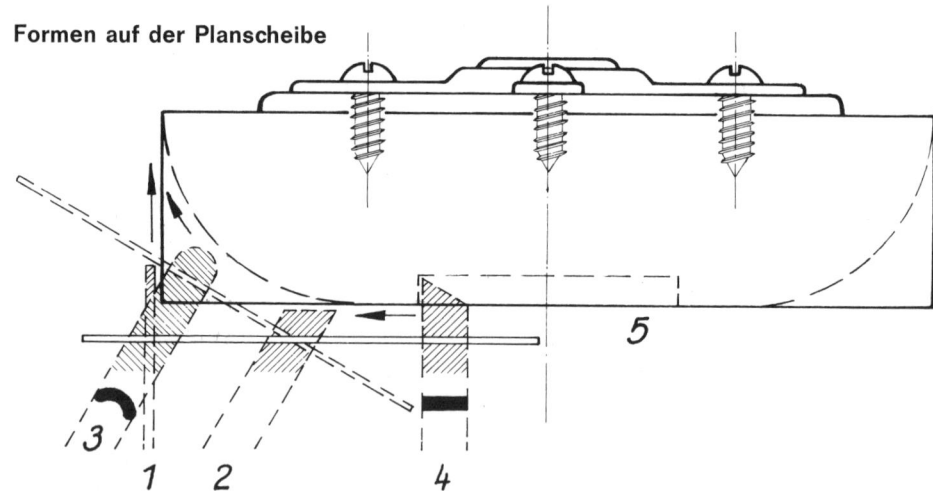

Arbeitsgänge:

1 Unwucht beheben mit dem Abstechstahl oder Drehmeißel
2 Schlichten mit dem Drehmeißel oder Flachmeißel
3 Formen mit der Röhre
4 Einstechen mit dem Drehmeißel oder Abstechstahl
5 Einpassen der Antriebsrolle

Formen auf der Antriebsrolle

Um das weitere Formen auf der Innenseite auszuführen, benötigen wir einen
Einpaß für die Vorrichtung. Wir wählen
eine Antriebsrolle, die als Metallspund
zum Drechseln dient und in den Boden
unserer Arbeitsform eingedrückt wird.
Dazu stechen wir mit dem Drehmeißel
einen kleinen Einpaß 5-8 mm tief in den
Boden der Arbeitsform ein. Mit Schieblehre und Spitzzirkel mit Stellbogen
sorgen wir dafür, daß der Einpaß nicht
zu groß gerät. Er muß so gedreht werden, daß er außen etwas weiter ist und
nach innen enger wird. Sitzt die Antriebsrolle außen richtig auf, so wird das
Werkstück vom Spindelstock abgeschraubt, auf eine Holzunterlage gelegt
und als Zwischenstück Sperrholz genommen, damit der Hieb mit dem Holzhammer das Gewinde der Antriebsrolle
nicht beschädigt. Ist die Antriebsrolle
richtig eingetrieben, so schrauben wir
sie auf das Spindelstockgewinde und
schalten ohne Handauflage den Motor
ein. Bei den ersten Umdrehungen können wir gleich feststellen, ob das Werkstück zentriert auf der Antriebsrolle
sitzt.

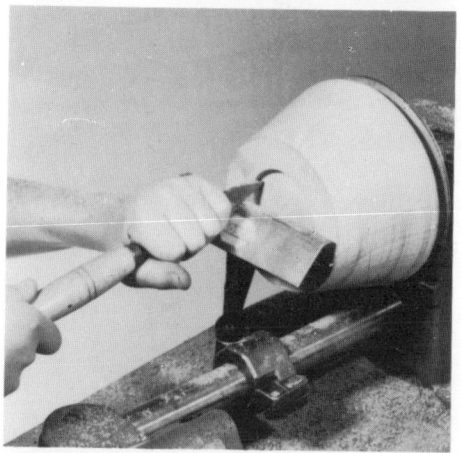

Entsteht irgendein Schwanken, so schalten wir den Motor ab. Die Handauflage
wird längs zum Werkstück angebracht
und der Motor wieder eingeschaltet, ein
Bleistift leicht an das Werkstück gehalten und das Wanken aufgezeichnet.
Auf der Seite, die wenige Bleistift-
schwärze aufweist, hat die Rolle keinen
richtigen Sitz. Mit dem Holzhammer
wird dann nachgeholfen bis die Rolle
richtig sitzt. Erst wenn alles richtig läuft,
kann die Planscheibe abgeschraubt werden und das Formen kann beginnen.

Mit der Formröhre wird von innen her leicht ausgedreht, so daß in der Mitte eine Spitze entsteht. Zum Ausdrehen werden wir immer die Formröhre von der Mitte nach dem Außenrand führen. Der Haltungswinkel wird nach der Härte des Holzes festgestellt und spielt beim Schlichten mit dem Drehmeißel eine große Rolle.

Nach dem Schlichten wird das Werkstück geschliffen und mit Schnellschliffgrund und Ballenmattierung behandelt.

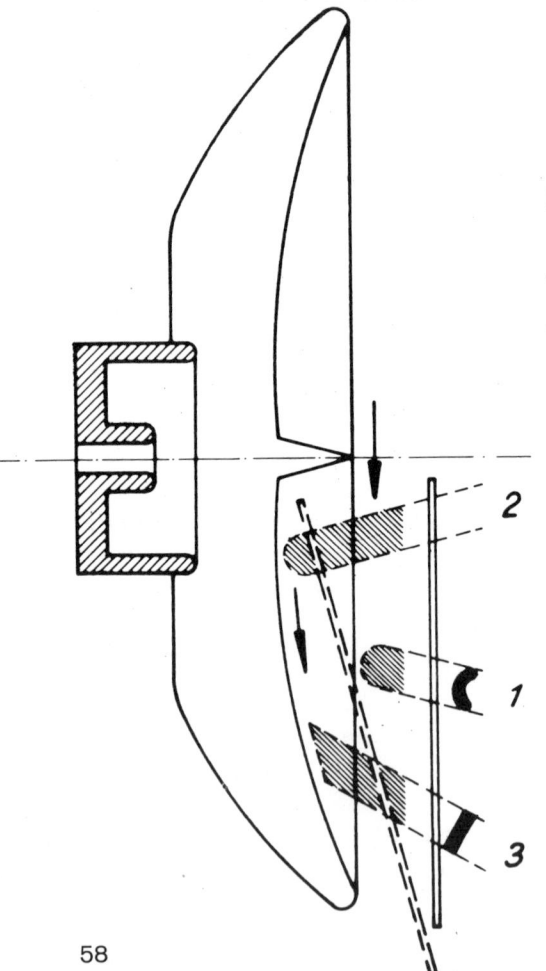

Formen auf der Antriebsrolle

Arbeitsgänge:
1 Ausdrehen mit der Formröhre
2 Änderung der Stahlauflage
3 Schlichten mit dem Drehmeißel

Beispiel:

Eine Kerzenschale aus Kirschbaum, Durchmesser 160 mm und 60 mm hoch, mattiert.
(Arbeitsstück eines Kursteilnehmers der Volkshochschule.)

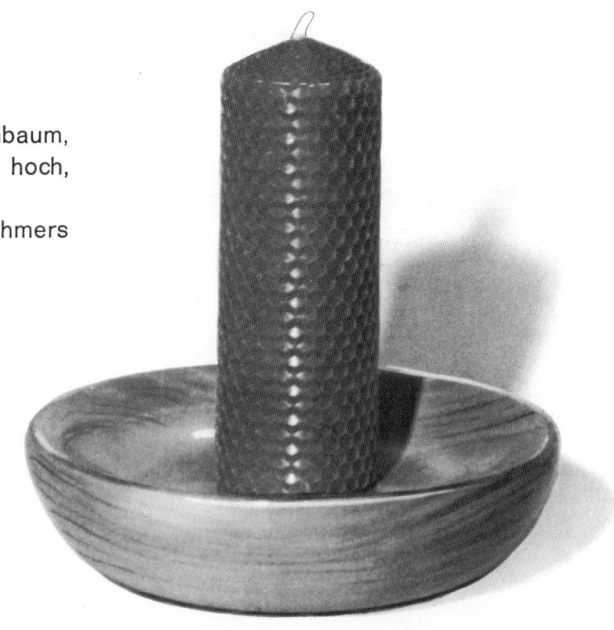

Formen auf der Mitnehmerscheibe

Die Außenseite formen wir auf der Planscheibe. Zum Innenausdrehen benötigen wir neben der Antriebsrolle noch die Mitnehmerscheibe. Sie hat einen Durchmesser von 94 mm und kann deshalb als Spundfutter benutzt werden, indem wir sie wie die Antriebsrolle 5 bis 8 mm in das Werkstück einpressen. Wir können aber auch in das Werkstück eine Platte von 6 mm Dicke eindrehen und auf diesem Standsockel die Mitnehmerscheibe aufsetzen. Beim Innenausdrehen müssen wir beide Arten verwenden. Die eingepreßte Mitnehmerscheibe dient zur Bearbeitung von großen Werkstücken. Kleine Werkstücke befestigen wir mit der aufgesetzten Mitnehmerscheibe. Ist das Werkstück eingepreßt oder aufgesetzt, so wird mit einem Bleistift kontrolliert,

ob es richtig sitzt. Sollte eine Unwucht vorhanden sein, so wird sie mit dem Abstechstahl oder Drehmeißel behoben. Danach spannen wir auf die Pinole ein Bohrfutter mit einem Zentrumsbohrer von 20 mm Durchmesser und bohren ein Loch. Die Tiefe des Loches soll zwei Drittel der Stärke des Werkstückes haben, d. h., ist dieses 60 mm dick, so soll das Loch 40 mm tief sein. Danach drechseln wir mit der Formröhre vom Loch zum Rand. Die Wand unseres Werkstückes — eine Schale — wird 5-8 mm stark.
Wenn wir eine Tiefe von 20 mm erreicht haben, empfiehlt es sich, mit dem Drehmeißel zu drechseln, da er keine so große Angriffsfläche hat wie die Formröhre. Wir weichen hier von der fachmännischen Art des Drechselns ab, weil Anfängern das Innenausdrehen mit der Formröhre sehr viele Schwierigkeiten bereitet. Deshalb stechen wir mit dem

**Mitnehmerscheibe (Spundfutter) einge-
paßt**

**Mitnehmerscheibe (Spundfutter) aufge-
setzt**

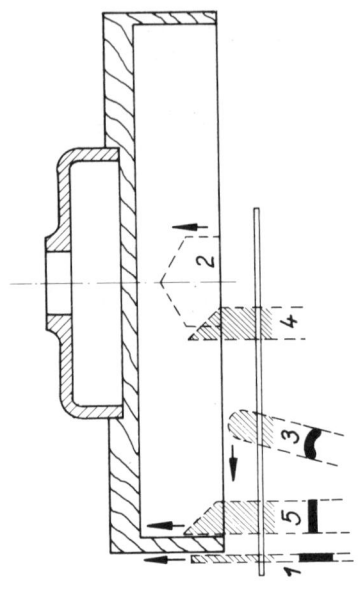

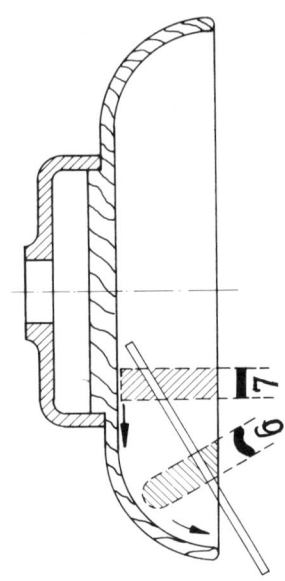

Arbeitsgänge:

1 Unwucht beheben mit dem Abstechstahl
2 Bohren mit dem Maschinenbohrer
   20 mm ϕ
3 Innenausdrehen mit der Formröhre

4 Bohrloch erweitern mit dem Drehmeißel
5 Säubern mit dem Drehmeißel
6 Formen mit der Röhre
7 Schlichten mit dem Flachmeißel

Drehmeißel den Restteil der Schale aus.
Ist das Innenausstechen bis zu einer
gewissen Tiefe erfolgt, so müssen wir
messen. Bei eingepreßter Mitnehmerscheibe muß die Stärke des Bodens der
Schale 5-8 mm Einpaßtiefe und Seiten-
wandstärke haben. Der Boden ist gewöhnlich zwischen 10-14 mm stark und

wird bei späteren Dreharbeiten gewöhnlich nur 12 mm sein. Das Schlichten werden wir bei der Form der Schale
nur mit dem Flachstahl ausführen, denn
er ist für diesen Arbeitsgang am geeig-
netsten. Nach dem Schlichten folgt das
Schleifen und die Oberflächenbehandlung — das Mattieren.

Beispiel:

Eine Schale aus Birnbaum, Durchmesser 170 mm und 60 mm hoch, mattiert. (Angefertigt von einem Schüler.)

Das nächste Werkstück, eine Schale in der Form eines Viertelstabes, wird wie die Birnbaumschale gebohrt und nachher innen ausgedreht. Ist die halbe Tiefe erreicht, so wird die Handauflage in die Schale gedreht und festgezogen.

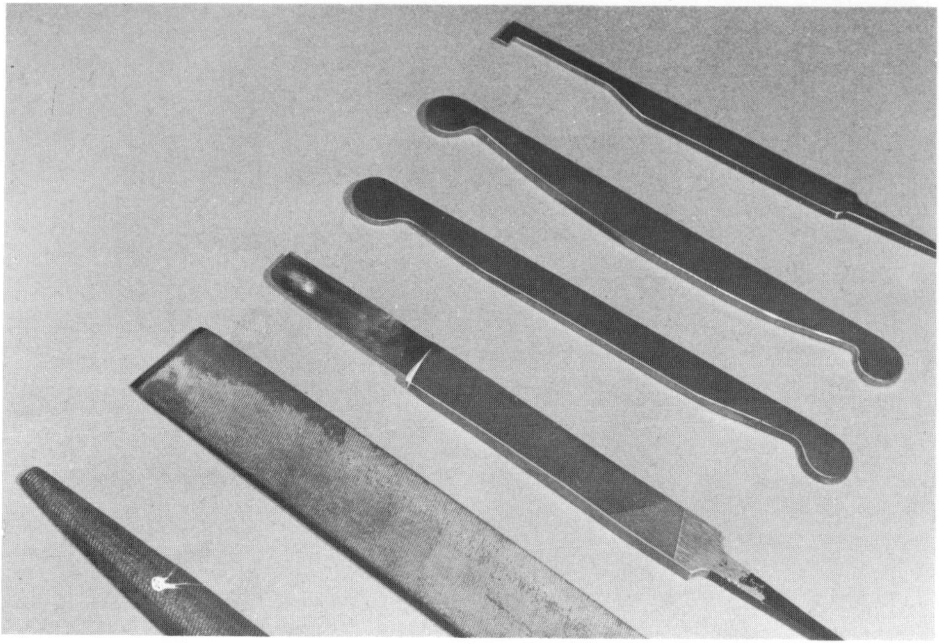

Mit der Formröhre wird die Rundung langsam ausgedreht. Es kann für diesen Zweck ein anderer Stahl verwendet werden, der aus einer alten halbrunden Feile zurechtgeschliffen wird. Der Stahl ist oben flach und hat unten die Rundung der Formröhre. Die Anwendung eines selbstgefertigten Stahles hat den Vorteil, daß wir ihn immer so zuschleifen können, wie wir ihn brauchen. Die Form der Röhre bleibt immer gleich. Aus diesem Grunde wird die Röhre beim Innenausdrehen etwas spitzer zugeschliffen, damit die Schneidfläche kleiner und dadurch das Hängenbleiben im Holze vermieden wird. Die Schärfe des Stahles und ein guter Schneidewinkel verhindern jedes Reißen im Holz. Eine gut geschlichtete Schalenwand erübrigt ein langes Schleifen. Alle anderen Arbeitsgänge bleiben gleich.

Planscheibe mit Mitnehmerschraube

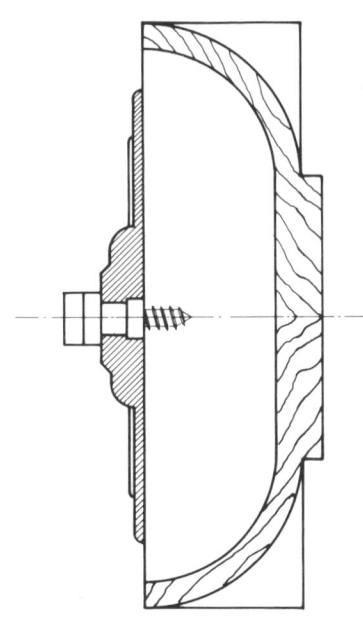

Beispiel:
Eine Schale aus Nußbaum, Durchmesser 180 mm und 60 mm hoch, gewachst, Seitenwand 6 mm stark.
(Angefertigt von einer Schülerin.)

Planscheibe mit Spund auf Mitnehmerschraube

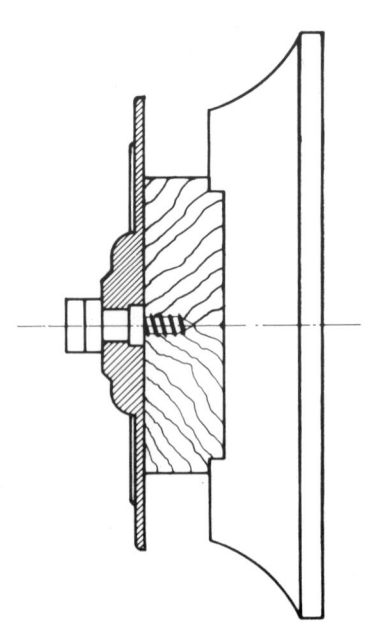

Formen auf selbstgedrehtem Spund

Die Außenformen wurden auf der Planscheibe ausgeführt, auf der der Rohling mit vier Holzschrauben befestigt war. Doch kennen wir außer dieser Art des Aufspannens von Rohlingen auch das Aufspannen mit der Mitnehmerschraube. Die Planscheibe sitzt wie immer auf dem Außengewinde der Spindelwelle. Die Mitnehmerschraube wird in das Innengewinde der Spindelwelle eingeschraubt und der Rohling auf der Planscheibe festgeschraubt. Die große Fläche der Planscheibe bietet Halt, damit der Rohling sich nicht verrücken kann. Die Mitnehmerschraube hält den Rohling fest und überträgt den Antrieb auf ihn. Ein so aufgespannter Rohling kann nach den beschriebenen Arbeitsvorgängen von außen geformt werden. Auf der Drehvorrichtung wird, wie auf der kleinen Drehbank, mit dem Spindelstock gedrechselt. Der Antrieb ist direkt, so daß die Planscheibe auf dem Gewinde der Bohrpistole aufgeschraubt ist. Die Mitnehmerschraube ist in die Mitte der Planscheibe eingeschraubt.

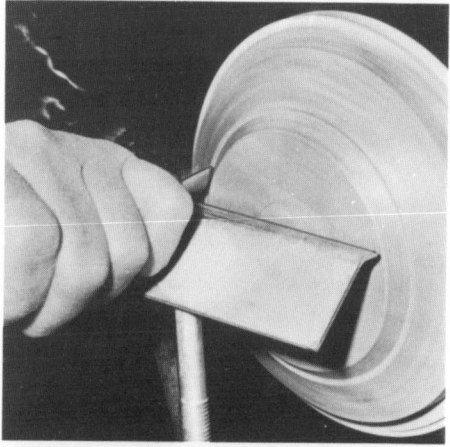

Um auf einem Spund zu drechseln, brauchen wir an unserem Werkstück einen Einpaß. Nach diesem Einpaß wird der Spund aus einem Buchenholz gedrechselt. Das Buchenholz wird auf der Mitnehmerschraube befestigt und angedreht, damit es keine Unwucht hat. Danach wird der Spund angefertigt, so daß er in den Boden des Werkstückes gedrückt werden kann. Er muß gut und fest in den Boden sitzen und wenn wir ihn dazu noch anfeuchten, so klemmt er im Werkstück. Es besteht auch die Möglichkeit, den Spund mit Drechslerwachs in das Werkstück zu kleben. Den Spund anzufeuchten ist jedoch einfa-

cher. Wir müssen aber dann gleich weiterarbeiten. Wird die Arbeit länger unterbrochen, so muß der Spund erneut angefeuchtet werden. Das Innenausdrehen erfolgt in der gleichen Reihenfolge wie bei den besprochenen Beispielen.

Beispiel:
Ein kleiner Teller aus Nußbaum, Durchmesser 150 mm und 45 mm hoch, gewachst.
(Angefertigt von einem Facharbeiter.)

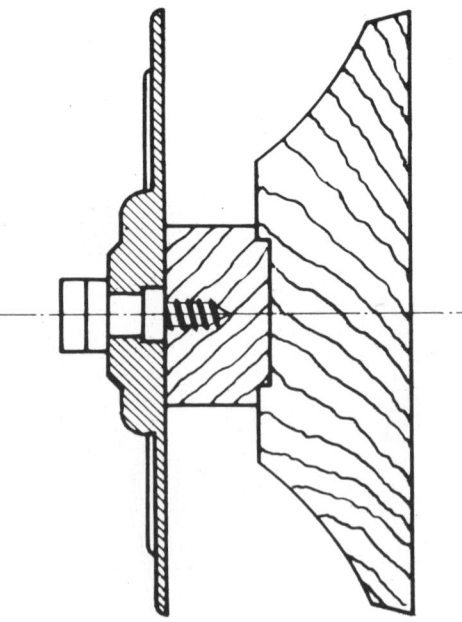

Selbstgedrehter Spund

Arbeitsgänge:
1 Formen auf der Planscheibe mit Mitnehmerschraube
2 Formen des Spundes
3 Innenausdrehen auf dem Spund

Formen auf der verkürzten Antriebsrolle

Wenn viele Menschen die gleiche Arbeit tun, so wird jeder versuchen, etwas Persönliches in den Arbeitsablauf zu bringen. Er wird versuchen, so manchen Kniff zu erproben, um rascher an das Ziel zu kommen. So wurde der Versuch unternommen, mit einer verkürzten Antriebsrolle in einem Arbeitsgang ein Werkstück außen und innen zu drechseln, zu schlichten, zu schleifen und zu mattieren. Es sollte eine Erleichterung bei der Arbeit geschaffen werden, um damit die harmonische Entwicklung eines Werkstückes in einem Zuge zu erleben. Dazu mußte eine Drechselvorrichtung geschaffen werden, die wir einpassen und aufschrauben können. Wir schufen uns eine 12 mm hohe Antriebsrolle und bohrten auf der Rückseite vier Löcher für Holzschrauben. Die neue Vorrichtung war geschaffen und der Versuch konnte beginnen.

Ein Rohling und ein Stück Hartholz wurden zusammengeleimt. Zwischen die Holzstücke kommt ein starkes Packpapier. Das Papier muß sehr kräftig sein und darf sich nicht spalten. Die zusammengeleimten Holzstücke müssen eine Nacht lang zwischen Schraubzwingen gepreßt werden. Am nächsten Tag können wir mit dem Formen beginnen. Die neue Drechslervorrichtung wird auf dem Spindelstock aufgeschraubt und die zwei Holzstücke, die schwerer sind als ein gewöhnlicher Rohling, stützen wir zu Beginn mit dem Reitstock und seiner Spitze. Die Pinole wird weiter als sonst ausgefahren und im Mittelpunkt angesetzt. Die Handauflage wird quer befestigt, so daß sie über den Rohling reicht, um die Unwucht abzudrehen. Nach der Behebung der Unwucht wird die Handauflage zwischen Spindelstock und Rohling befestigt und das Trägerholz abgedreht. Das Trägerholz muß den Durchmesser des Bodens der Schale bekommen. Das Formen von außen wird wie üblich mit der Formröhre ausgeführt. Die weiteren Arbeitsvorgänge, wie Schlichten und Schleifen, werden nacheinander erledigt. Nun be-

ginnen wir mit dem Innenausdrehen in allen seinen Arbeitsvorgängen. Zum Abschluß wird die Schale vom Trägerstück abgestochen. Das Abstechen erfolgt wie besprochen. Sind beim Abstechen Reste vom Trägerstück vorhanden, so können wir sie mit der Schleifscheibe entfernen und haben eine fertige Schale. Ein passionierter Drechsler wird nicht die Schleifscheibe für den letzten Schliff an der Schale benutzen. Er wird eine große Hartholzscheibe auf die Planscheibe mit der Mitnehmerschraube aufspannen und einen Einpaß in der Größe des Durchmessers der Schale eindrehen. In diesen Einpaß wird die Schale gedrückt und dann bearbeitet. Das Schlichten und Mattieren des Bodens folgt als Abschluß der Arbeit.

Beispiel:
Eine Schale aus Nußbaum, Durchmesser 160 mm und 50 mm hoch, mattiert. (Gemeinschaftsarbeit Vater und Tochter.)

Aufgeleimtes Arbeitsstück

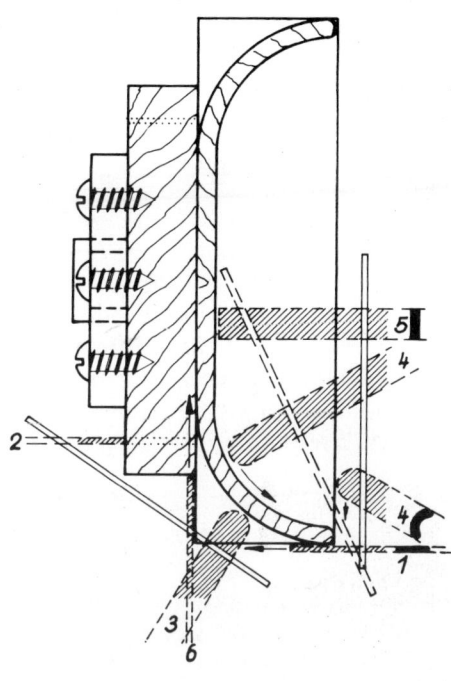

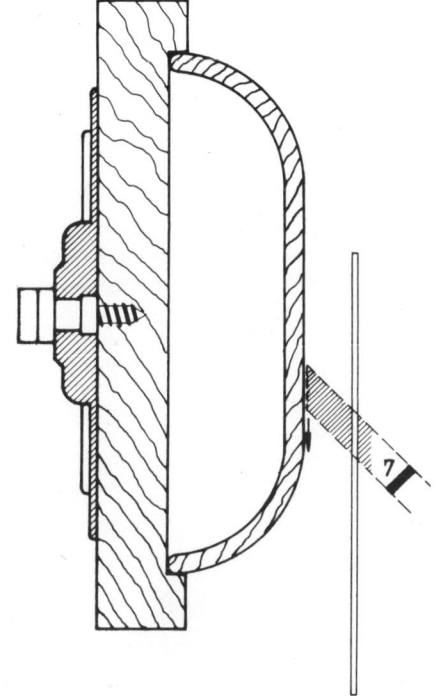

Arbeitsgänge:
1 Unwucht beheben mit dem Abstech-stahl
2 Abstechen des aufgeleimten Teiles mit dem Abstechstahl
3 Formen mit der Röhre
4 Innenausdrehen mit der Formröhre
5 Schlichten mit dem Flachmeißel
6 Abstechen mit dem Abstechstahl
7 Schlichten mit dem Drehmeißel

Schwierige Formen beim Innenausdrehen

Das Formen auf der neuen Drechslervorrichtung hat uns zu einem Erfolg geführt, der uns veranlaßte, einen ähnlichen Versuch mit der Planscheibe zu erproben. Als Trägerstück benutzten wir Weißbuche, das wir auf einen Kirschbaumrohling aufleimten. Als Zwischenlage wurde starkes Packpapier verwendet. Der Rohling war so groß, daß er gar nicht auf unsere Drehbank paßte. Die Drehbank mußte umgebaut werden. Spindelstock und Motorhalter wurden auf ein Führungsrohr montiert. Dabei wurde der Spindelstock nebst der Befestigung auf der Grundplatte noch mit einem Schraubknecht an der Hobelbank festgeklemmt. Auf einem zweiten Führungsrohr, das von zwei Fußplatten festgehalten wurde, saß der Reitstock. Er stützt den schweren Rohling beim Drechseln. Die Handauflage konnte nicht benutzt werden, da sie nicht am Führungsrohr angebracht werden konnte. An ihrer Stelle verwendeten wir ein Stück Bohle, das von einer Schraubzwinge an der Hobelbank festgehalten wurde. Als dieser Umbau abgeschlossen war, begann das Formen. Zuerst wurde die Unwucht am Rohling und Trägerstück abgenommen. Das Trägerstück wurde so weit abgedreht, daß der Abstich des Bodens der Schale erfolgen konnte. Die Schale wurde von außen geformt, geschlichtet, geschliffen und mattiert. Damit waren alle Arbeitsvorgänge außen abgeschlossen. Vom Innenausdrehen sei nur gesagt, daß die Arbeitsgänge bis zum Mattieren nach den bekannten Beispielen durchgeführt

wurden. Die Handauflage wurde am Führungsrohr mit den Fußplatten angebracht und diente ihrem Zweck bis zum Mattieren. Dann wurde mit dem Bleistift ein 15 mm breiter Kreis gezogen. Das angezeichnete Werkstück wurde vom Spindelstock genommen und an seine Stelle kam die Schleifscheibe. Nach einem genauen Aufzeichnen der Schalengriffe begannen wir freihändig mit dem Abschleifen des Randes. Danach wurde das Werkstück wieder auf den Spindelstock gespannt und das Schleifen des kantigen Randes begann. Die mattierte Schale wurde so abgestochen, daß keine Reste vom Trägerstück vorhanden waren. Beim Abstechen wurde ein Rand von 8-10 mm Breite gelassen und danach erfolgte ein konisches Einstechen wie bei den Tischlampen. Der Boden wurde handgeschliffen und mattiert.

Beispiel:
Eine Schale mit zwei Griffen aus Kirschbaum, Durchmesser 200 mm und 70 mm hoch, mattiert.
(Arbeitsstück eines Werklehrers.)

69

Das letzte Beispiel ist ein großes Arbeitsstück, so groß, daß die Leistungsfähigkeit der kleinen Drehbank bis zur Grenze ausgenützt wurde. Ein Wunsch, der bei jedem Werker auftaucht, wenn er langjährige Erfahrungen gesammelt hat. Um diesem Wunsch zu entsprechen, haben wir ein Werkstück mit 270 mm Durchmesser gewählt, an dem alle Schwierigkeiten eingeplant waren, die beim Querdrehen auftauchen können.

Über den Umbau der Drehbank wurde genügend berichtet und er ist auf den Bildern gut ersichtlich. Mit der Behebung der Unwucht und dem Formen von außen wurde begonnen. Für das Innenausdrehen wurde eine hohe Handauflage geschaffen. Die Hauptarbeit wurde mit der Röhre ausgeführt. In der Mitte wurde ein Zapfen stehen gelassen, der zu einer Verlängerung der Pinole am Reitstock diente. Er wurde solange benötigt, bis die Schale ausgedreht war und am Trägerstück ein genügend tiefer Einstich ausgeführt war. Nach dem Schlichten und Schleifen wurden die beiden Griffe ausgeschliffen. Alle weiteren Arbeitsvorgänge sind bekannt.

Beispiel:
Eine Schale mit zwei Griffen aus Nußbaum, Durchmesser 250 mm und 70 mm
hoch, mattiert.
(Arbeitsstück eines Schülers.)

Kombinieren
von Arbeitstechniken

Kombination von Längs- und Querdrehen

Nach genügender Übung können auch
schwierige Werkstücke angefertigt werden, an denen wir mehrere Arbeitstech-
niken des Drechselns ausführen. Beim
Drechseln eines Kerzenleuchters mit
Fuß wird das Längs- und Querdrehen
angewendet. Zuerst formen wir den
Fuß im Querdrehen und danach folgt
das Längsdrehen der Säule mit Wachsbecher.

Beispiel:
Kerzenleuchter aus Kirschbaum, poliert
oder mattiert.
(Angefertigt von einem Schüler.)

Der Fuß wird aus einer Scheibe, Durchmesser 100 mm und 55 mm hoch, gedreht. Die Scheibe wird auf die verkürzte Antriebsrolle aufgeschraubt und
mit der Schropp- und Formröhre geformt. Das Schlichten und Schleifen erfolgt in der bekannten Reihenfolge. Im
Mittelpunkt muß ein Loch, Durchmesser
12 mm, mit dem Abstechstahl eingestochen werden. Wenn wir das Einstechen
nicht sicher beherrschen, können wir
das Loch auch mit einem Zentrumsbohrer von 12 mm Durchmesser bohren.
Auf der Rückseite wird der Rand für die
Standfestigkeit geschaffen. Der Teil, der
von der Antriebsrolle bedeckt ist, kann
erst nach Abschluß aller Arbeitsgänge
abgeschliffen werden. Deshalb muß die
Antriebsrolle auf dem Werkstück blei-

 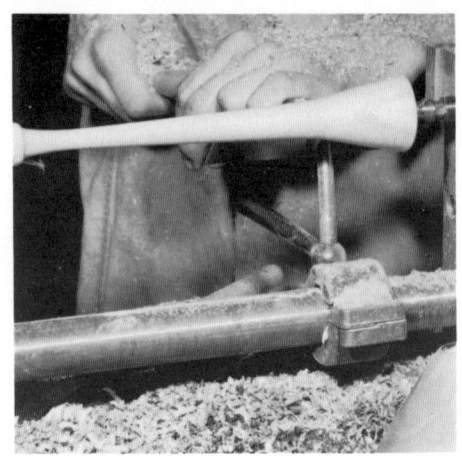

ben, bis das Formen abgeschlossen ist. Die Säule für den Kerzenleuchter ist ein Längsholz mit einer Höhe von 270 mm und einem Durchmesser von 42 mm. Das Einspannen zwischen Dreizack und Pinolenspitze haben wir schon genau kennengelernt. Mit der Schropp- und Formröhre wird die Grundform gedrechselt. Die Platte und den Viertelstab formen wir mit der Röhre und dem Drehmeißel. Alle weiteren Arbeitsgänge führen wir in der vorher beschriebenen Folge aus. Die Platte an der Säule dient als Zapfen und wird in den Fuß eingeleimt. Dazu schrauben wir die Antriebsrolle mit dem geformten Fuß auf den Spindelstock. Den Zapfen stecken wir in das Loch des Fußes. Der Reitstock wird so weit zurückgesetzt, daß wir den ganzen Kerzenleuchter einspannen können. Im Mittelpunkt, in dem vorher der Dreizack saß, stecken wir die Spitze der Pinole fest. Ist das Werkstück richtig eingespannt, lockern wir es, leimen es und spannen es erneut ein. Nun können wir mit dem Schleifen und Polieren beginnen. Bis wir mit der Oberflächenbehandlung fertig sind, bleibt das Werkstück zusammengeleimt. Mit dem Abstechstahl wird neben der Spitze der Wachsbecher ausgehöhlt. Das Loch für die Kerze wird mit einem 20-mm-Zentrumsbohrer gebohrt. Das Bohren wird auf der laufenden Drehbank ausgeführt.

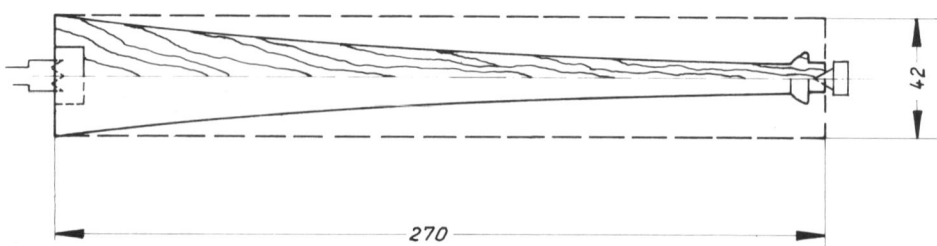

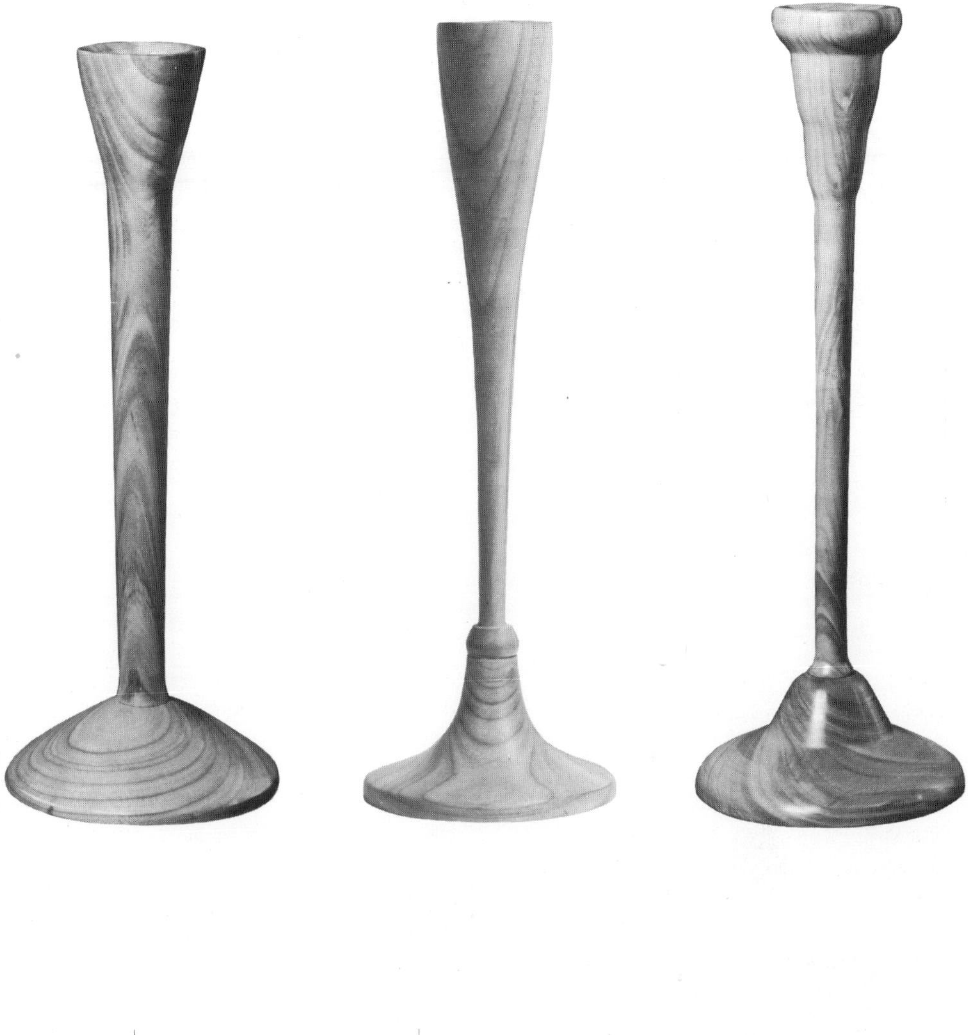

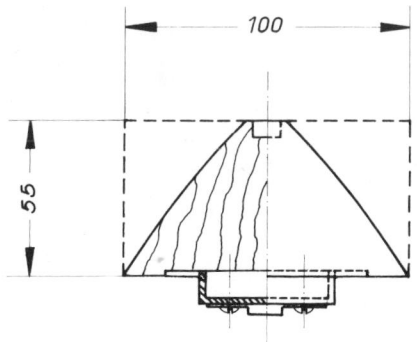

Die weiteren Werkstücke wurden von einem Schüler und zwei Kursteilnehmern der Volkshochschule angefertigt. Sie wurden nach unserem Beispiel geschaffen und trotzdem weist jedes Werkstück seine Eigenart und seinen Formcharakter auf.

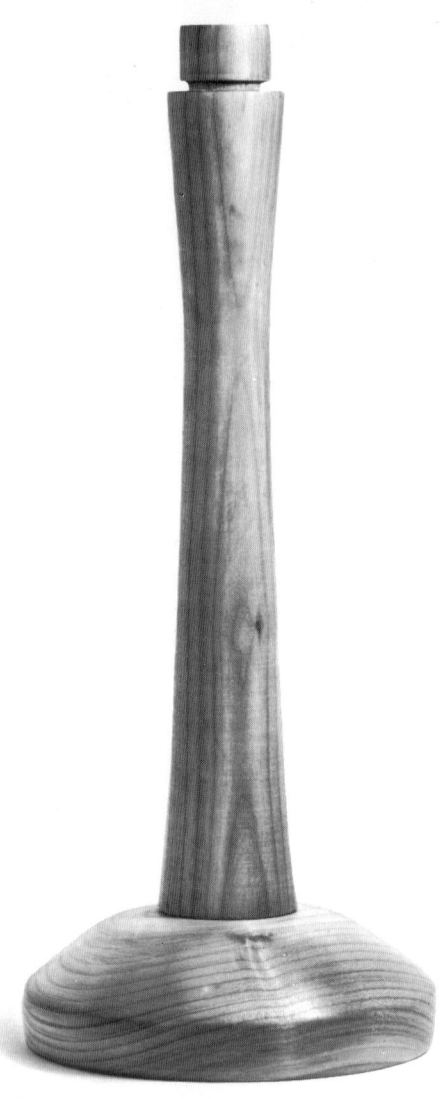

Die Scheibe für den Fuß wurde mit einem Druchmesser von 150 mm aus einer 55 mm starken Bohle geschnitten. Dieser Rohling wurde auf die Planscheibe aufgespannt und geformt. Bei den abgebildeten Formen wurden die Drechselgrundformen in verschiedenen Nuancen verwendet. Wir sehen auch die verschiedenen Möglichkeiten, die es für das Einsetzen der Säule oder des Zapfens an der Säule gibt.

Die Säule ist ganz glatt ohne jede Grundform. Oben wurde eine Platte für den Schirmring eingestochen, der das ganze Drahtgestell des Schirmes festhält. Die Höhe der Säule beträgt 400 mm, wobei der Fuß einen Durchmesser von 150 mm hat.

Beispiel:
Tischlampe aus Kirschbaum, mattiert.
(Angefertigt von einem Schüler.)

74

Beispiel

Tischlampe aus Buche, gewachst.
(Angefertigt von einem Schüler.)

Der Fuß ist sehr einfach und eigenwillig geformt. Da er keine der verzierenden Grundformen besitzt, bezeichnen wir ihn als Fußplatte. Diese ruht auf vier ebenfalls gedrechselten Füßen, die der Lampe einen festen Stand sichern. An den Füßen sehen wir neben einem Rundstab eine Platte. Wir drehen sie aus einem Längsstück und stechen jeweils neben der Platte ab. Die Unterseite der Füße schleifen wir erst, wenn sie in die Fußplatte geleimt sind.

Die Säule ist fast ein wenig zu reichlich verziert und wirkt daher in der Form etwas unruhig. Am oberen Ende sind vier Löcher für den Schirmdraht eingebohrt.

Besteht ein Werkstück aus mehreren Teilen, so wirkt es nach seinem Zusammenleimen nur dann schön, wenn die Teile als Grundform eine Einheit bilden.

Beispiel:

Bodenleuchter aus Nußbaum, mattiert.
(Angefertigt von einer Kursteilnehmerin der Volkshochschule.)

Der Fuß, Durchmesser 210 mm und 60 mm hoch, wurde auf der Planscheibe mit Mitnehmerschraube zuerst auf der Bodenseite plangedreht. Wir lassen dann einen Rand von 15 mm stehen und höhlen den Fuß leicht aus. Mit dem Zentrumsbohrer ermitteln wir den Mittelpunkt und spannen danach das Werkstück auf. Dann beginnt das Formen, Schlichten und Schleifen. In die fertige Form bohren wir ein Loch mit 20 mm Durchmesser für den Zapfen der Säule. Die Säule ist 750 mm hoch und hat oben einen Durchmesser von 60 mm und unten einen von 30 mm. Sie wurde auf einer Drehbank mit einem 1200 mm langen Führungsrohr gedreht. Damit nicht zu große Schwingungen entstehen, befestigen wir in der Mitte des Führungsrohres eine Fußplatte. Der Reitstock mit der zweiten Fußplatte sitzt auf einer anderen Grundplatte. Da das Führungsrohr durch die erste Fußplatte unterbrochen ist, müssen zwei Handauflagen angebracht werden, damit ein leichteres Ar-

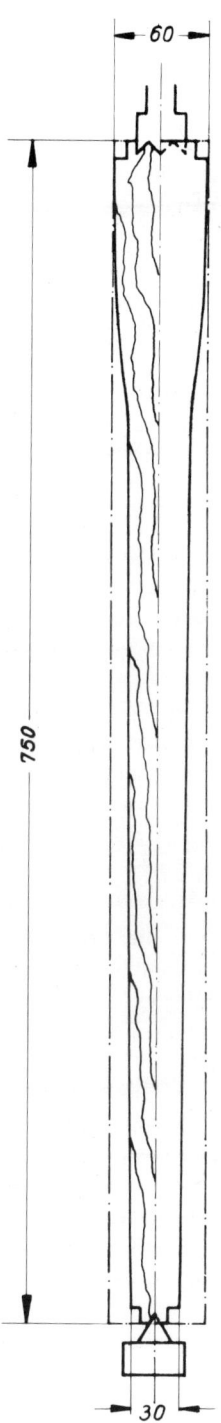

60

750

30

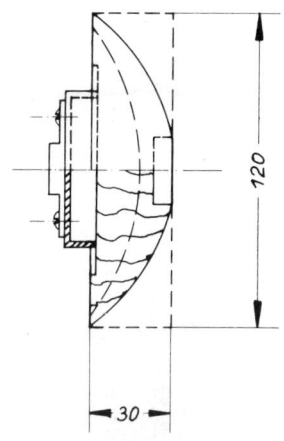

120

30

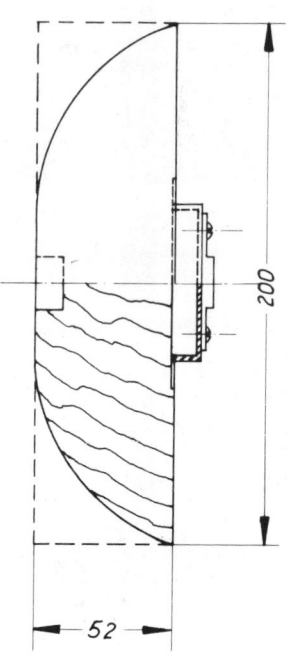

200

52

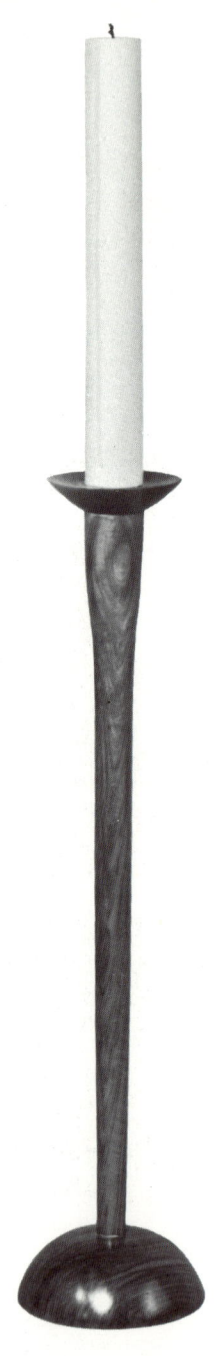

beiten gesichert ist. Dann formen und schlichten wir die ganze Säule. Zum Schluß wird am unteren Ende ein Zapfen mit einem Durchmesser von 20 mm und einer Länge von 30 mm und oben ein Zapfen mit einem Durchmesser von 16 mm und einer Länge von 10 mm eingestochen; die Säule wird geschliffen und mattiert.

Die Wachsschale wurde aus einer 50 mm starken Scheibe mit einem Durchmesser von 150 mm auf der Planscheibe mit Mitnehmerscheibe geformt. Zuerst drehen wir an der oberen Seite die flache Wachsschale und bohren ein Loch für den Metallstift, auf dem später die Kerze aufgesetzt wird. Die untere Seite können wir sofort bis zur Rohform abdrehen. Nach dem Formen hat die Scheibe einen Durchmesser von 120 mm. Nach dem Mattieren der oberen Fläche spannen wir das Werkstück um, indem wir es mit der Mitnehmerschraube, die in das Bohrloch für den Metallstift eingreift, auf die Planscheibe aufschrauben. Nun formen wir den Boden und bohren in die Bodenfläche ein Loch mit einem Durchmesser von 16 mm und einer Tiefe von nicht mehr als 12 mm. Der Durchmesser der Bodenfläche beträgt 60 mm. Der Zapfen der Säule darf nicht zu fest im Bohrloch sitzen, sonst bleibt für die Leimmasse kein Raum. Beim Leimen ist es zweckmäßig, die Drehbank so zu erweitern, daß wir Fuß, Säule und Wachsschale zusammen einspannen können. Der auf der Drehbank zusammengeleimte Bodenleuchter ist genau auszentriert. Wir können dem Leuchter gleichmäßigen Glanz geben, wenn wir ihn noch einmal abschleifen und mattieren. Dies kommt seinem einheitlichen Eindruck als Schaustück zugute.

Beispiel:
Bodenleuchter aus japanischem Nußbaum.
(Gedrechselt von einer Kursteilnehmerin der Volkshochschule.)

Der Fuß, Durchmesser 170 mm und
45 mm hoch, mit einer Bleieinlage.
Die Arbeitsgänge:
1. Formen der Stehfläche auf der Planscheibe.
2. Formen der Oberfläche auf der Planscheibe mit Mitnehmerschraube.
3. Einstechen des Loches für den Zapfen mit dem Abstechstahl.
Die Säule ist 710 mm hoch und hat oben
einen Durchmesser von 30 mm, in der
Mitte von 45 mm und unten von 20 mm.
Sie wurde auf der Heimwerker-Dreh-
bank mit verlängertem Führungsstab
gedreht. Um Schwingungen zu vermeiden, befestigen wir die Drehbank auf
einer Hobelbank mit starken Schraubzwingen. Die weiteren Arbeitsgänge
sind schon besprochen, bis auf die

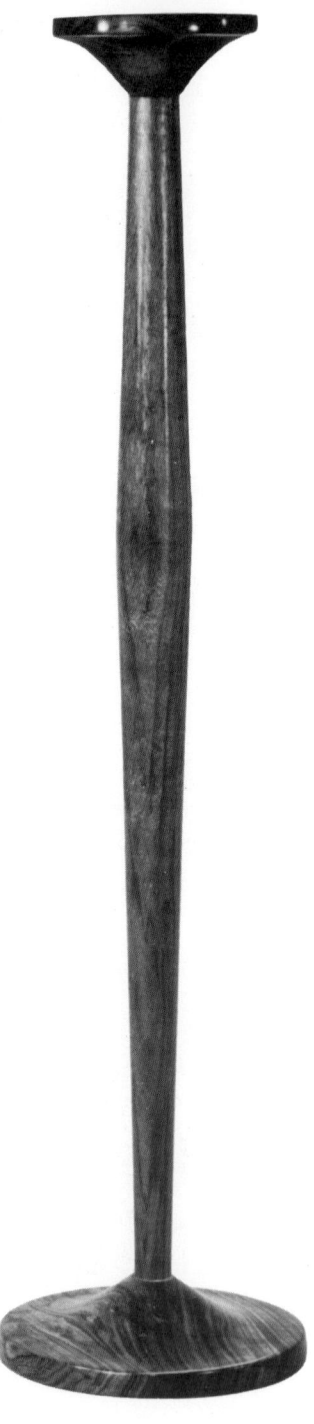

Maßangabe der Zapfen. Der obere Zapfen ist 20 mm und der untere 25 mm lang. Beide haben einen Durchmesser von 16 mm.
Die Wachsschale, Durchmesser 100 mm und 40 mm hoch mit einem Messingstift.

Die Arbeitsgänge:
1. Formen der inneren Schale auf der Planscheibe.
2. Formen der äußeren Schale auf der verkürzten Antriebsrolle mit Mitnehmerschraube.
3. Einstechen des Loches mit dem Abstechstahl.

Der Zusammenbau des Bodenleuchters und das Leimen erfolgte auf der Drehbank. Die verkürzte Antriebsrolle und die Pinolenspitze waren die Druckpunkte zwischen die der Leuchter gespannt wurde. Eine stattliche Spannweite, bei der der Bodenleuchter für sich 750 mm in Anspruch nahm.

Kombination von Längs- und Innenausdrehen

Eine weitere Kombination ist das Längs- und Innenausdrehen; das Ergebnis sind mehrere Ringe. Als andere Möglichkeit bietet sich an, in einem Arbeitsablauf einen Becher zu drechseln. Wir können auch die Kombination an zwei Werkstücken anwenden, die durch ihre Funktion zu einer Einheit werden.

Beispiel:

Serviettenringe aus Eiche, gewachst. (Angefertigt von einem Werklehrer.) Das Längsdrehen vollzog sich zwischen Dreizack und mitlaufender Spitze, wie es oben beschrieben wurde. Die Schropp- und Formröhre dienen dabei zum Formen. Auf dem Werkstück sind die Grundformen zu erkennen: flache Hohlkehle, breiter Rundstab, breite Platte und Rundstab. Zwischen den einzelnen Formen ist ein Einstich in der Breite von einem Drehmeißel und einer Tiefe von 20 mm. Die einzelne Form wird geschlichtet und geschliffen und damit ist das Längsdrehen abgeschlossen. Als zweiter Versuch beim Längsdrehen sind vier gleich breite Ringe in der Rundstabform gedreht und mit

schmückenden Elementen verziert. Ein leichter Einstich mit dem Drehmeißel und ein feines Schaben mit der Formröhre werden abwechselnd angewendet. Es sind Mittel, die leicht einzelne Serviettenringe voneinander unterscheiden. Zwischen den einzelnen Formen wird eine breite Platte in der gleichen Breite und Tiefe wie beim ersten Versuch eingestochen. An beiden Enden des Werkstückes wird ein Zapfen gedreht, und zwar hat der Zapfen an der Spitze einen Durchmesser von 15 mm, der am Dreizack einen Durchmesser von 30 mm und eine Länge von 30 mm. Der breite Zapfen wird für das Spundfutter vorbereitet, das später beim Innenausdrehen seine Verwendung findet.

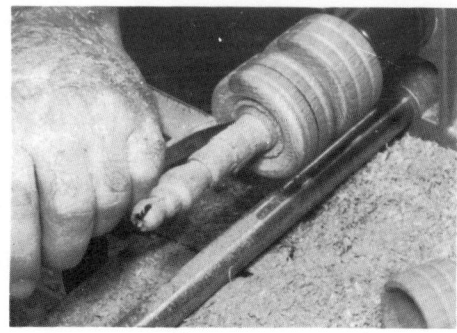

Beim Innenausdrehen wird das Werkstück in ein Spundfutter eingeschraubt. Das Spundfutter hat innen ein Gewinde in das der 30 mm lange Zapfen solange eingedreht wird, bis er festsitzt. Damit hat er innen ein Spundfutter und außen an seinem Rand einen festen Halt. In den anderen Zapfen wird die Reitstockspitze gedrückt. Am Reitstockende wird die Handauflage angebracht, so daß sie quer zur Hirnholzseite steht. Mit dem Abstechstahl wird in der Längsachse des Zapfens 10 mm tief eingestochen. Danach folgt Einstich neben Einstich bis eine Ringwand von 6 mm Stärke bleibt. Nun folgen die weiteren Einstiche in der gleichen Reihenfolge und der gleichen Tiefe bis die Mitte erreicht ist. Der Ringrand und die Ringwand wird mit dem Drehmeißel geschlichtet und mit Glaspapier geschliffen. Nun ist eine Hälfte

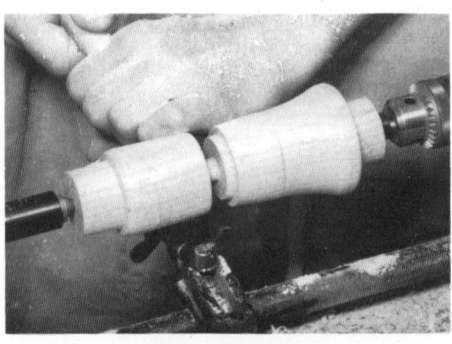

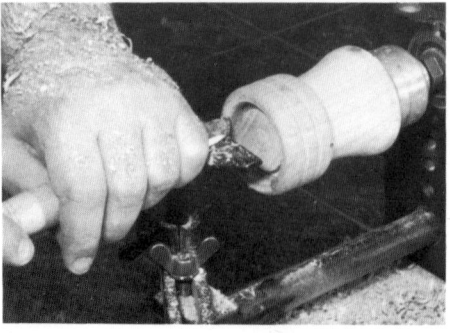

des Ringes geformt und es folgt das weitere Einstechen bis der Ring von der Längsachse getrennt ist. Das letzte und entscheidende Einstechen wird nicht in der Mitte, sondern an der Ringwand ausgeführt. Der innenausgedrehte Serviettenring wird von der Längsachse heruntergeholt und die Längsachse wird auf Zapfenstärke abgedreht. Danach wiederholen sich die Drehvorgänge bis alle Ringe innen ausgedreht sind.

Die innenausgedrehten Ringe sind von der einen Seite geformt und geschlichtet. Die zweite Seite muß noch bearbeitet werden. Dazu wird ein Spund angefertigt, der aus einem Buchenholz gedrechselt wird. Beim Längsdrehen wird zuerst eine breite Platte eingestochen, die als Zapfen für das Spundfutter dient. An die Platte schließt sich ein Rundstab an, der in einer flachen Viertelhohlkehle ausläuft. Die Viertelhohlkehle schließt mit einer Platte ab, die wieder abgestochen wird. Die Viertelhohlkehle wird etwas konisch zugedreht, damit der geformte Teil des Serviettenringes richtig eingepaßt werden kann, wenn er nicht die gleichen Innenmaße hat. Die Platte am Ende des Spundes ist zum Formen des Randes der Ringe notwendig. Der angefertigte Spund wird in das Spundfutter eingeschlagen und an der Drehbank auszentriert. Auf den Spund wird die geformte Seite des Ringes gesteckt und mit einem Holzstück angedrückt. Mit dem Drehmeißel werden der Rand und die Innenwand des Ringes geformt. Damit der Meißel genügend Platz zum Schlichten der Ringwand hat, ist zwischen dieser und dem Spund ein Hohlraum notwendig, den uns die Platte verschafft. Nun kann auf dem Spund geschlichtet, geschliffen und gewachst werden.

Eine weitere Kombination des Längs- und Innenausdrehens lernen wir beim Formen von Eierbechern kennen. Bei diesen Formen wird ein anderer Weg beschritten; wir drehen keine Serie aus einem Stück Holz, sondern jeden Eierbecher einzeln. Wenn wir mehrere gleiche Eierbecher drehen wollen, müssen wir verschiedene Hilfsmittel benutzen, damit alle Becher gleich aussehen. Zuerst wird die erste Form frei und ungezwungen entworfen und gedrechselt. Ihr werden alle weiteren Formen nachgebildet.

Beispiel:
Eierbecher aus Buche, mattiert.
(Angefertigt von einem Kursteilnehmer der Volkshochschule.)

Ein Stück Buche wird zwischen Dreizack und Reitstockspitze an einer zylindrischen Walze geformt. Am Dreizackende des Buchenholzes wird ein Zapfen gedreht, der in das Spundfutter paßt. Der fertige Zapfen wird in das Spundfutter eingeschraubt und aufgespannt. Nun können wir mit dem Formen des Eierbechers beginnen.

Das Werkstück ist zwischen Spundfutter und Reitstockspitze gespannt und wird längsgedreht. Eine Arbeitsweise, die für Anfänger sehr empfehlenswert ist.
Das Werkstück ist nur im Spundfutter festgehalten und hat kein Gegenlager. In beiden Fällen ist die Handauflage ganz nahe an dem Werkstück festzuklemmen und auf ihr wird mit der Formröhre gedrechselt. Das Formsuchen kann zu einer alltäglichen Becherform führen, wie es in diesem Falle war. Die weitere Reihenfolge bis zum Schleifen ist bekannt.

Das Innenausdrehen ist auch bei dem Eierbecher ein Innenausstechen. Mit dem Abstechstahl erfolgt ein Einstich nach dem anderen, wie es beim Serviettenring ausgeführt wurde. An Drehbänken mit beweglicher Pinole können wir statt der Spitze ein Bohrfutter aufschrauben. In das Bohrfutter wird ein Zentrumsbohrer eingespannt und mit ihm ein Loch in den Eierbecher gebohrt. Das Innenausdrehen wird so leichter, da wir nur seitlich einstechen müssen. Wir drechseln und schlichten dabei mit dem Drehmeißel.

Die fertige Form ist auf der Drehbank aufgespannt. Nun sollen mehrere gleiche Eierbecher gedreht werden. Dazu fertigen wir eine Schablone von der ersten Form an, indem wir aus einem Stück Hartfaserplatte die halbe Form aussägen und darauf achten, daß sie auf dem Spundfutter und der Kelchform genau aufsitzt. Sie muß bis zur Mitte des ausgedrehten Teiles reichen. Die Schablone bestimmt die Negativform des Bechers, d. h. die Erhöhungen beim Becher werden zu Vertiefungen und umgekehrt. Ist die Schablone gut ausgesägt und ausgefeilt, so deckt sie sich genau mit der Becherform. Wenn wir die fertige Schablone haben, so können wir die weiteren Arbeitsgänge wie Schleifen und Wachsen ausführen. Das Abstechen mit dem Abstechstahl kann durch das Absägen mit einer Feinsäge ersetzt werden. Der Rest im Spundfutter wird mit einem Rundholz herausgeschlagen oder mit dem Drehmeißel ausgestochen. Die zweite Form des Eierbechers, den wir gedreht haben, ist einfacher und neuzeitlicher. Gedrechselt wird sie wie der erste.

Beispiel:
Nußschale mit Hammer aus Palisander, mattiert.
(Angefertigt von einer Kursteilnehmerin der Volkshochschule.)

Im Grunde genommen haben wir es mit zwei verschiedenen Werkstücken zu tun, doch wenn wir ihre Funktion berücksichtigen, so bilden sie eine Einheit.

Der Hammer besteht aus zwei längsgedrehten Teilen, die wir einzeln anfertigen und zusammenleimen.
Die Nußschale mit einem verstärkten Boden, der als Amboß dient, haben wir innenausgedreht. Das Innenausdrehen bei der Nußschale erfordert viel Geschicklichkeit und Fingerspitzengefühl, da der Boden und Amboß nur aus einer tiefen und flachen Hohlkehle besteht.

Kombination von Quer- und Innenausdrehen

Das Quer- und Innenausdrehen ist in einem ganzen Abschnitt besprochen worden. Das Ergebnis waren die Schalen mit verschiedenen Formen. Nun ist die Schale nur ein Teil unseres neuen Werkstückes, das aus mehreren Teilen zusammengesetzt wird. Das Werkstück ist eine Dose, die aus dem Unterteil und dem Oberteil besteht. Wir drechseln Ober- und Unterteil aus je einem Stück und müssen daher darauf achten, daß die Maserung übereinstimmt. Deshalb ist es selbstverständlich, daß nur die gleiche Holzart verwendet wird und beide Teile aus der gleichen Bohle geschnitten werden. Am günstigsten ist es, wenn die zwei Rundstücke nebeneinander in der auf der Abbildung gezeigten Weise ausgesägt werden. Damit erreichen wir eine sehr ähnliche Maserung, die sich auf der einen Seite sogar genau deckt.

Beispiel:
Dose aus Birnbaum, mattiert, aus zwei Teilen, Durchmesser 180 mm.
(Angefertigt von einem Schüler.)

Der untere Teil der Dose ist ganz gerade und leicht und sauber zu formen. Als Gedächtnisstütze werden die Arbeitsgänge aufgezählt.
Planscheibe: Unwucht beheben, Boden schlichten, Formen, Einpaß für Mitnehmerscheibe einstechen und dieselbe einpassen.
Mitnehmerscheibe: Unwucht beheben, Innenausdrehen, Schlichten, Schleifen und Einpaß für Deckel einstechen.
Den Deckel formen wir in der umgekehrten Arbeitsfolge des Drechslermeisters. Diese Arbeitsfolge kann beim Fachmann Widerspruch hervorrufen, doch wurde sie erprobt und führt den Laienwerker sicher zum Ziel. Der Birnbaumrohling wird auf die Planscheibe aufgeschraubt. Dabei sollte nicht vergessen werden, daß es vorteilhaft ist, zwischen Planscheibe und Rohling ein Stück Sperrholz als Unterlage anzubringen, die verhindert, daß die Holzschrauben zu tief in den Rohling eindringen. Alle weiteren Handgriffe sind schon bekannt. Der erste Arbeitsgang auf der Drehbank ist das Abdrehen der Unwucht. Von der Seite erfolgt das Abdrehen mit dem Abstechstahl und dem Drehmeißel. Fortgeschrittene können die Schropp- und Formröhre benützen. Es muß immer gemessen werden, damit das Unterteil und der Deckel gleich groß werden und wir nicht zuviel abdrehen. Wenn beide Teile genau übereinstimmen, wird geschlichtet und geschliffen, damit die äußere Form von Deckel und Schale übereinstimmt. Nun folgt das Innenausdrehen des Deckels. Dabei drehen wir immer von der Mitte zum Rand, indem wir entweder ein Loch bohren und danach mit dem Meißel oder dem Abstechstahl ausstechen oder gleich mit der Röhre ausdrehen. Bei diesem Arbeitsgang muß der Deckel-

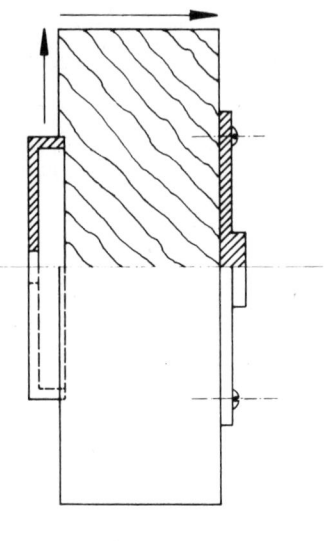

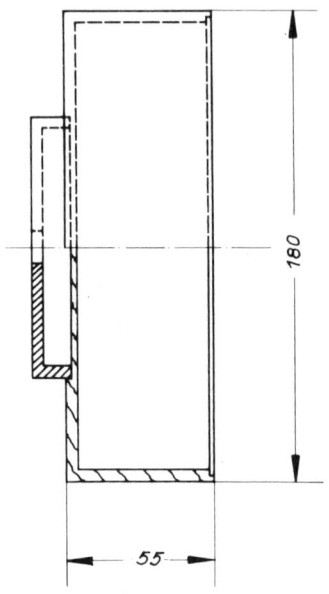

180

55

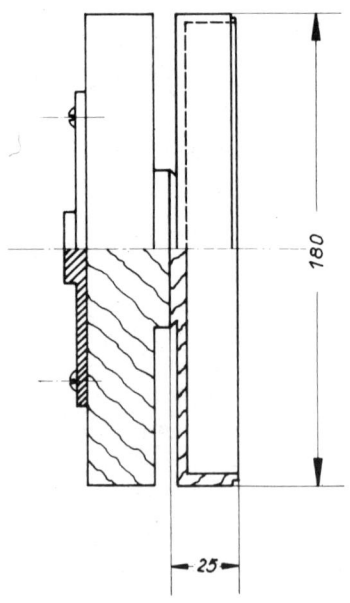

180

25

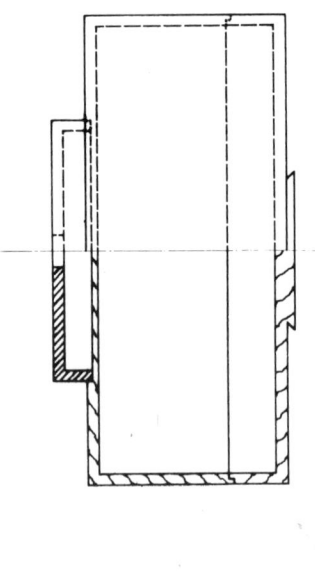

wandstärke ein besonderes Augenmerk geschenkt werden. Am besten ist es, wenn diese etwas stärker wird als die Wand des Unterteils. Dies bringt uns beim weiteren Drechseln viele Vorteile. Ist beim Innenausdrehen eine genügende Tiefe erreicht, so beginnen wir mit dem Schlichten und Schleifen. Nun kommen die Feinheiten. In die Wand des Deckels stechen wir eine schmale Platte ein. Der Einstich an der Deckelaußenwand verhindert das Rutschen des Deckels auf der Dose. Die Breite der Platte wird von der Stärke der Wand des Unterteils bestimmt. Die verbleibende Erhöhung am Deckel muß genau in den Einstich des Gegenstückes passen. Selbst wenn beide Teile geschliffen sind, müssen sie sich nur mit Mühe ineinanderdrücken lassen. Dann schlichten wir die Deckelwand so, daß sie die gleiche Stärke der Dosenwand bekommt. Beim weiteren Formen wird der Deckel mit dem Abstechstahl abgestochen. Dabei führen wir vier oder fünf Einstiche nebeneinander aus, um genügend Raum für ein ungehindertes Formen zu bekommen. Bei einer Tiefe von 60 mm wird das Einstechen neben der Deckelwand abgebrochen, damit eine Erhöhung als Deckelknopf bleibt. In diesem Stadium des Formens beginnen wir mit der Kante des Drehmeißels zu schlichten. Die scharfen Kanten der Drechselstähle können in diesem Falle vortrefflich genützt werden. Auch das Schleifen macht keine Schwierigkeiten, wenn wir Glaspapier auf eine dünne Leiste ziehen. Mit diesen einfachen Hilfsmitteln sind Schlicht- und Schleifflächen bis zu einer Tiefe von 50 mm zu erreichen und die in dieser Weise geschliffenen Flächen eignen sich sehr gut zur weiteren Bearbeitung. Danach wird

der Deckel so mattiert, daß er den gleichen Farbton und den gleichen Glanz wie die Dose bekommt. Das endgültige Abstechen des Deckels kann mit dem Abstechstahl erfolgen. Er ist das dafür bestimmte Werkzeug. Obwohl das fachlich richtig ist, haben meine Schüler mit Vorliebe eine Feinsäge für diesen Zweck benutzt. Sie setzten das Ende der Feinsäge an das Führungsrohr und drückten danach die Säge an das sich drehende Werkstück. Nach mehrmaligem Ein- und Ausschalten des Handmotors ist die Schnittiefe erreicht, bei der das Werkstück abfällt. Die Schüler haben mit jeder Hand einen Arbeitsgang ausgeführt und konnten ihn im günstigsten Augenblick unterbrechen.

Beim Abstechen mit dem Stahl ist dies nicht möglich.
Der Deckel ist noch nicht fertig. Er wird in den Unterteil gedrückt und auf die Drehbank gespannt. Die Dose könnte ohne weiteres bearbeitet werden, wenn die Handauflage quer vor ihr festgezogen wird. Um sich keinem Risiko auszusetzen, haben findige Schüler einfach die zwei Teile an sechs Stellen mit Tesa-Film zusammengeklebt. Überklebt war am Deckel nur ein Teil der mattierten Fläche, so daß genügend Platz zum Schlichten, Schleifen und Mattieren frei war. So konnten noch alle fehlenden Arbeitsgänge ausgeführt werden, und eine formschöne Dose war das Ergebnis.

Beispiel:
Dose aus Linde, gewachst, aus zwei
Teilen, Durchmesser 140 mm.
(Angefertigt von einem Schüler.)

Über die Entwicklung der Dose aus Lin-
denholz ist nichts besonderes zu be-
richten, denn der Gestaltungsprozeß
verläuft wie im eben beschriebenen
Beispiel. Das Ergebnis des Formfindens
führte zu einer kritischen Betrachtung.
Der Schüler mußte feststellen, daß er
eine Form gefunden hatte, bei der er
viel gemeinsames mit den vorhandenen
Formen feststellen konnte. Er war ge-
zwungen, etwas zu finden, um seiner
Dose jene Eigenart zu verleihen, die sie
von ihresgleichen unterscheidet. Das
Formensuchen und das Formenfinden
wird sich in einer Werkklasse oder in
einem Kurs immer nach bestimmten Umständen vollziehen. Jeder Beteiligte
wird versuchen, etwas anderes, etwas
Neues zu schaffen. Das Ergebnis wird
so vielseitig sein, daß selten gleiche
Formen zu finden sind. Jede Dose wird
ihre Eigenart aufweisen, die sie charak-
terisiert und durch kleine Einzelheiten
von anderen unterscheidet. Ist dies nicht
der Fall, so setzt ein Suchen nach neuen
Mitteln ein, welche durch ihre Anwendung einen optischen Effekt erzielen.
Das Suchen nach solchen Mitteln, die
die Eigenart einer Dose betonen, sollen
an diesem Beispiel gezeigt werden. Das
Ergebnis der neuen Form war nicht be-
friedigend, denn es gab schon ähnliche
Formen. Der Schüler machte die Fest-
stellung, daß seine Form schon vorhanden war. Eine Nachbildung wollte er
nicht haben und da kam ihm der ret-
tende Gedanke, die Dose mit Rundstäben auszuzeichnen. Er nahm den Abstechstahl und versuchte es mit leichten

Einstichen. Das genügte nicht, denn die
Wirkung war zu schwach. Da nahm er
eine Dreikantfeile und feilte am drehenden Werkstück die gleichmäßigen Rundstäbe ein. Die Veränderung war ihm
gelungen und fand auch Anerkennung.
Der Deckel, der im ganzen der Form
der Dose gut angepaßt war, ist innen
halbrund ausgedreht. Mit dem Drehmeißel hat er die Wölbung säuberlich
ausgeführt. Von außen war der Deckel
und der Knopf mit Rundstäben geschmückt, so daß er mit der Dose eine
harmonische Einheit bildete.

Eine große Überraschung gab es, als
ihm eines Tages das auf der nächsten
Seite gezeigte Bild der Schichtholzdose
vorgelegt wurde. Der Schüler fand aber
bald heraus, daß zwischen den beiden
Dosen einige wesentliche Unterschiede
bestehen. Sehr interessant fand er den
Deckel, der bedeutend größer war als
der von ihm gefertigte und der die
ganze Dose überdeckt. Wir konnten bei
diesem Beispiel viel entdecken, das uns
zu weiteren Formarbeiten anregen soll.

Dose aus Schichtholz, aus zwei Teilen. (Angefertigt von einem Drechsler aus Japan.)

Beispiel:
Dose aus Kirschbaum, mattiert, aus drei Teilen, Durchmesser 165 mm. (Angefertigt von einem Schüler.)

Den unteren Teil der Dose können wir in einem oder zwei Arbeitsgängen drechseln.

Das Formen von außen und innen auf der Planscheibe oder verkürzten Antriebsrolle mit aufgeleimter Unterlage.

Das Formen von außen auf der Planscheibe und das Formen von innen auf der eingepaßten Antriebsrolle.

Beim zweiten Teil der Dose sind die bewährten Arbeitsgänge durchgeführt worden: Abdrehen der Unwucht und Plandrehen der Seite. Nun begann das Formen des Deckels. Die genauen Maße des fertigen Teils sind auf das Werkstück übertragen worden. Diesmal war beim Innenausdrehen die Mitte zu beachten, denn der Deckel sollte in der Mitte verstärkt werden, um den Deckelknopf aufzunehmen. Der Deckel wurde als Rundstab mit einer flachen Hohlkehle gedreht. Am Deckelrand sitzt ein

Viertelrundstab. In den Viertelrundstab stach der Schüler eine Platte ein, die an der Innenseite des Dosenteils anliegt. Dieser Arbeitsgang erfordert viel Ruhe und Genauigkeit. Wir müssen immer wieder den Einstich messen und mit dem Unterteil vergleichen. Oft ist eine mehrmalige Probe notwendig, bis die zwei Teile ganz genau eingepaßt sind. Nach dieser Arbeit folgt das Formen der Außenseite des Deckels. Auf der Abbildung ist zu sehen, daß zuerst ein Viertelrundstab, eine flache Hohlkehle und danach ein Rundstab die Deckelform bestimmen. Um die einzelnen Grundformen nacheinander aus der Holzmasse herauszudrehen, bedarf es einer großen Geschicklichkeit. Dabei wird nur mit dem Abstechstahl und mit dem Drehmeißel geformt. Als erstes wird der Viertelrundstab und ein Teil der flachen Hohlkehle eingestochen und bis zum Abschluß ausgearbeitet. Der untere Teil der Dose ist schon mattiert. Im weiteren Verlauf des Formens soll das Rohformen und Abstechen der Hohlkehle und des Rundstabes erfolgen. Der abgestochene Deckel wird in den Unterteil der Dose gepreßt und auf die Drehbank gespannt. Aus Sicherheitsgründen sei in Erinnerung gebracht, daß wir wie beim ersten Beispiel Tesa-Film benutzt haben, um die zwei Teile der Dose zusammenzuhalten. Um Unterteil und Deckel zusammen drehen zu können, feuchten wir den unmattierten geschliffenen Deckel mit einem Lappen an und pressen ihn sofort in das Unterteil. Das Holz zieht gleich Feuchtigkeit an und vergrößert seinen Umfang. Die Zeit, in der das Holz Feuchtigkeit hält, reicht aus, um alle Arbeitsgänge am Deckel auszuführen. Natürlich ist die Anregung für sichere Werker gedacht. Die Schüler bevorzugten den Tesa-Filmstreifen, da sie eine optische Kontrolle haben, ob die zwei Teile noch festhalten. Wenn das Sicherheitsgefühl vorhanden ist, so werden alle weiteren Arbeitsgänge sauberer und besser ausgeführt. Das Schlichten, Schleifen und Mattieren ist am drehenden Werkstück auszuführen. Um den äußeren Teil des Deckels zu drehen, können wir uns auch eine Hilfsform anfertigen und ihn in diese einpressen. Die weitere Bearbeitung erfolgt dann in der oben beschriebenen Weise.

Die Dose ist nun fertig, jedoch fehlt der dritte Teil: der Knopf. Bevor wir den Knopf drehen, muß der Mittelpunkt in der Fläche des Deckels bestimmt werden. Dazu wird vor der aufgespannten Dose der Reitstock aufgebaut. Am Ende der Pinole wird das Bohrfutter aufgeschraubt, in das ein Zentrierbohrer eingespannt ist. Mit dem Zentrierbohrer wird ein genauer Bohransatz für einen Bohrer geschaffen. Der Durchmesser des Bohrers sollte nicht größer

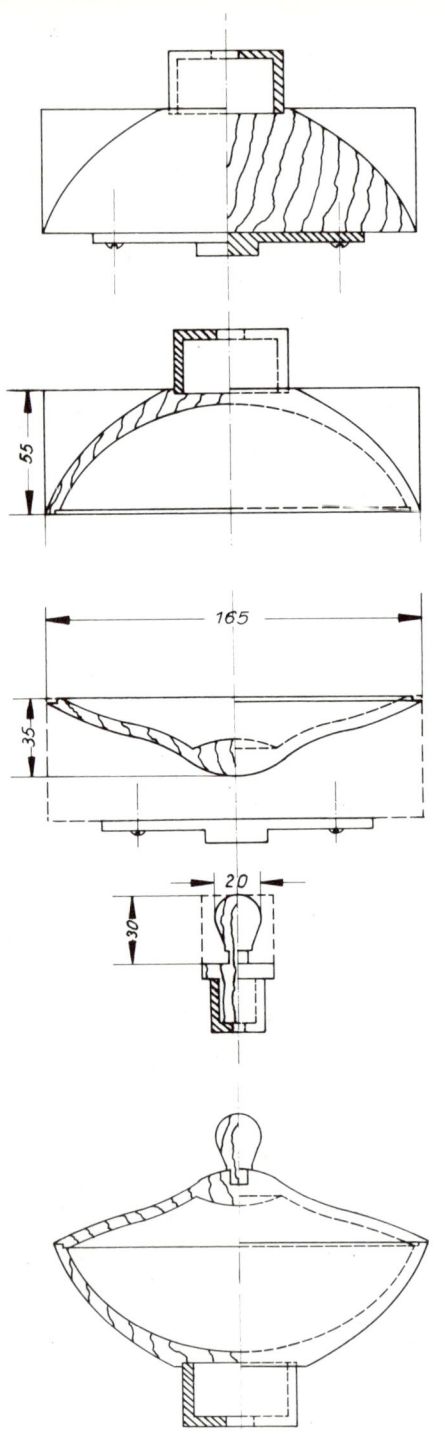

als 12 mm sein, es sei denn, der Durchmesser der Dose ist größer als 200 mm. Bei Dosen mit einem Durchmesser von 200 mm reicht ein Loch mit 12 mm für den Zapfen des Knopfes. Der Knopf selbst wird aus einem Längsholz gedreht. Das Holz wird in das Spundfutter eingeschlagen, auf dem Spindelstock aufgespannt und gedrechselt. Ein Knopf auf einer Dose wird seine Wirkung nicht verfehlen, wenn er die Grundformen der Dose wiederholt. Beim Einleimen des Zapfens ist zu beachten, daß die Maserung des Knopfes mit der Maserung des Deckels abgestimmt wird. Damit der Zapfen einen guten Halt im Deckel hat, soll er 15 mm tief im Holz sitzen. Eine Tiefe, die immer erreicht wird, wenn der Rundstab am Deckel genügend hoch ist. Dadurch wird gewöhnlich eine Holzstärke erreicht, die mehr als 20 mm beträgt. Deckel und Knopf können auch aus einem Stück gedreht werden. Dies hat den Vorteil, daß die Maserung gleich bleibt, da der Knopf auch aus Querholz ist. Leider brechen diese Knöpfe sehr leicht ab und können nicht mehr aufgeleimt werden. Dosen mit hohen Knöpfen sollen deshalb immer dreiteilig gedrechselt werden. Obzwar die Schüler und die Kursteilnehmer immer die Erfahrung machten, daß es vorteilhafter ist, den Deckel als zweiten Teil zu drechseln, sind Versuche unternommen worden, ihn als ersten Teil herzustellen. Dabei hat es sich herausgestellt, daß die Schüler beim Innenausdrehen des Unterteils unsicher wurden. Der Unterteil wird viel tiefer ausgedreht, und dabei besteht bei Hirnholz die Gefahr, daß der Stahl reißt. Jeder Einriß erfordert ein neues Abdrehen, Schlichten und Schleifen. Damit besteht die Gefahr, daß der untere Teil zu klein wird. Um sich diesem Risiko nicht auszusetzen, haben alle den einfacheren und leichteren Weg gewählt, die Dose zuerst zu drechseln.

Damit wir alle Möglichkeiten besprochen haben, die es beim Drechseln des Deckels gibt, wollen wir nun das Drechseln des Deckels auf der Planscheibe mit Mitnehmerschraube erwähnen. Er kann dabei von außen oder innen bearbeitet werden, doch muß immer eine gerade Fläche vorhanden sein, die an die Planscheibe angezogen wird. Beim Innenausdrehen ist die Fläche zu klein und die Holzschraube zu schwach, um mit Sicherheit den Deckel festzuhalten.

Mit den angeführten Schwierigkeiten kann sich ein Werker auseinandersetzen, wenn er genügend Erfahrung gesammelt hat. Dann besteht die Möglichkeit, das Drechseln in der Reihenfolge auszuführen, wie es der Meister demonstriert hat. Auch die aufgeleimte Unterlage, wie sie bei dem Drechseln der Schale dargestellt ist, sei noch erwähnt. Sie hat nur einen Vorteil gegenüber der aufgeschraubten Planscheibe, daß bei ihr die Gefahr des Einstechens in Metallschrauben nicht besteht. Dadurch kann die Holzmasse günstiger ausgenützt werden und zu freieren Formen führen.

Nachweis

Bücher:

Bethe-Loew, Kunst im Handwerk, 1953.
Cederblad, K., Nytt sätt att svarva trä, 1961.
Fehr, E., Schönes Drechseln, 1954.
Gustavsson- Olson, Svarva i trä, 1959.
Hils, K., Werken für alle, 1953.
Jaeger, P., Drehen und Drechseln, 1939.
Kaiser, E., Das Werkjahr der Stadt Zürich, 1961.
Kruhme, Werken, 1963.
Meyer, F., Selbstgemacht mit Bosch, 1963.
Spannagel, F., Das Drechslerwerk, 1940.
Wilhelm, F., Neuzeitliches Werken mit Elektrowerkzeugen, 1959.

Zeitschriften und Fachkataloge:

AEG, Heimwerker-Bedienungsanleitung.
Bosch, Combi-Bedienungsanleitung, 63.
Fein, Hauswerkzeug-Liste, 1963.
Kunst- und Werkerziehung, Heft 3, 1964.
Internationales Kunsthandwerk 1961 und 1963.
Selbst ist der Mann, Heft 2-8, 1964.
Werkkunst, Heft 3 — Kunsthandwerk Baden-Württemberg, 1960.
Werkkunst, Heft 1 — Internat. Kunsthandwerk, 1961.

Foto:

Landesgewerbeamt Baden-Württemberg, Stuttgart.
Schmid, Gerhard, Stuttgart.
Kuschel, Günter, Stuttgart-Rot.
Meyer, Friedrich, Leinfelden.

Zeichnungen:

Nieffer, Doris, Stuttgart-Lederberg.

Werkstücke:

Schüler der Lenau-Schule, Stuttgart-Rot.
Schüler der Rilke-Mittelschule, Stuttgart-Rot.
Schüler der Schloß-Mittelschule, Stuttgart.
Kursteilnehmer der Volkshochschule, Stuttgart.
Teilnehmer an der Tagung der Fachberater für Werken, Ruit.